JN123751

# 老年笑い学

ユーモアで羽ばたくシニア

小向敦子

*atsuko komukai*

春風社

# はじめに——なぜ今、笑い学なのか

仕事でも趣味でも、若くして始めるなら、一〇年続ければモノになると言われる。六〇歳を過ぎて始めるなら、三倍の年月を掛けて、三〇年続けてどうにかモノにしてみせるつもりで取りかかりたい。

願わくば、三〇年後に「やっておいてよかった」と、ようやく効き目が出てくるようなことを、老年期の初めにスタートしておく。昔の人は持つことのできなかった「石の上にも三〇年」と呼ぶべき長いシニア期に、それができれば歳の取り甲斐になる。

もちろん、笑いをひねる、なんて難しすぎる。一番苦手なこと、と考える気持ちはわからないではない。見よう見まねで習得するのは難しい、ノウハウがありそう、だから学ぶ。

シニアにとって、最初から簡単そうにみえるものを目指しても、すぐ飽きるだけで、退屈な時間の解消策にはならない。せっかく長くなったシニア期であるから、「すぐ」ではなく「少しずつ」しか習得できない、面倒臭そうで厄介なものに取り組めていることが大事である。

簡明なことをして、恰好もつけられない。だから笑い学が難しそうでよかった。めでたしめでたし、なのである。

しかしユーモアや笑いは、ないからといって生きていけない、人生の必需品ではない。つまり笑い学は贅沢の一種、嗜好品といえば聞こえがいいが、無駄といえば無駄、くだらないといえば、そのとおり。

「しかし」なのか「だから」なのか、ないならないで済ませられる、何やら得体のしれない代物であるユーモアをもしシニアが駆使できるなら、かえってそれは大人の高度な社交スキルになる。ユーモアこそはシニアが、それこそ三〇年かけて目指すに相応しい貴重な能力だと言えるのではないだろうか。

とは思いながら、年齢を重ねるにつれて私たちは、できるだけ恥をかいたり、失敗しないようにと、ますます慎重になる。衝動より理論が先にきて、じっくり何をしようか考え、最終的には何もしないと決めるような、躊躇(ためら)いが出てくる。もう馬鹿なことができなくなるのは、賢明さであろうが同時に、新奇なことに飛び込めない臆病さでもある。いくら「未来に向かって進め」などと、発破をかけられても腰が引けている。

いっそ驚いて腰を抜かすぐらい意外な契機がなければ、シニアにもなって年々重くなる腰は動かない。その契機を、本書では「老年笑い学」と呼ぶ。シニア層に焦点を当てた笑い学である。よほど「何それ?」と感じることであれば、知らず知らずのうちに身を乗り出して、関わっていける。だから違和感満々で、首を傾げたくなるほどの「笑い学」が、ちょうどいい。シニアになる頃には、まともなことはおおかた経験してしまった。その意味でも、ここはやはり、今まで一度もやったことがなく、皆が初心者になれる「笑い学」の出番である。

それにしても、個性が強いシニアたる者が集まって「笑う」活動をするなんて、絵に書いた餅か？　仕事モードなら得意でも、仕事以外の勝手がわからない。易々（やすやす）と協力などできず、仲間割れするのが関の山なのでは、という意見もあるだろう。ごもっともである。

現時点ではまだ「老年笑い学」は、皆様にとって、馴染みがないものであろう。しかし読み進んでいくうちに「まあ、こんなシニア期の過ごし方もありかもね」と、わずかなりとも、心を動かしていただけることを切望している。

なお、末筆となったが今回、春風社という風雅な出版社との巡り合い、そして山岸信子女史という文雅な編集者との出会いがあって、「老い」と「笑い」がこのように結実することができた。記して謝意を表す。

目次——老年笑い学——ユーモアで羽ばたくシニア

# 1

## 笑うを学ぶ

### 「今さら」ですが、それが何か!?

## 今は昔、笑いを学んだ

国定教科書の時代、尋常小学国語読本の四年生に「笑話・鹿の子餅」（出典は江戸小噺）という章があった。五年生には東海道中膝栗毛から、小田原・大井川・京の三場面が、六年生には狂言の「末広がり」が載っていた。笑いが消えたのは、一九四一年に小学校が国民学校になり、教科書が全面改訂された時であった。[*1]

なぜ笑いは消えたのだろうか。戦争の影響が生々しかった時代、笑いは切り詰めることができるものの筆頭のように、受け止められていたのであろう。

もう一つ、笑いが学校から排除された原因と思われるのは、笑いに権力を等閑視する力があることだ。当時、学校にとって求められたのは、いかなる時も威厳であり、それが笑いによって崩れてしまうことを恐れて、退(しりぞ)けた可能性がある。戦後もしばらく、笑いはプロ（の芸人）がやるもの、素人はそれをみせてもらう、と考えられていたようである。

時代が「平成」になって、笑いの科目を発足する大学が現れた。笑いが、誰でも学び、実践もしてみる「学門領域」として見直されたのである。なかでも関西大学・人間健康学部は積極的であり、一年次の共通教養科目として「笑いとユーモアを科学する」。二年次以降の「ユーモア学プログラム」では、「笑いと健康」「笑いの文学」「笑いの文明史」「笑いの民俗学」「ユーモアの社会学」「笑いの心理学」「ユーモアコミュニケーション論」などのクラスが提供されている。[*2]

二〇一二年からは、松竹芸能株式会社が「笑育（わらいく）」を始めた。松竹では、人間力を高めるリベラル・アーツの一つとして、この笑育を推進する方針である[*3]。典型的なプログラムとしては、お笑いの構成作家やプロの漫才師が、小・中・高・大学へ出前授業をする。参加した児童・生徒・学生たちは笑いの仕組みについて学び、漫才師による漫才（実演）を見た後、自分たちで台本を考え、皆の前で発表する[*4]。

面白い・楽しい！　と心が動くときに、人は成長できる。だとすれば教育機関において「笑い」が学習テーマになって、実は至当なのである。

## 笑い学で異世代交流

現状ではまだ「多世代型共創の学び」は理想でしかないが、笑い学なら、若者とシニア層が交流を深める誘因になる。笑い学を通じて、幼少の時から高齢者に接触していれば、大人になっても身近に感じやすい。

老若のどちらも楽しめそうな、具体的なテーマとして「シニアの面白い恋の話」がある。シニアにとって（戦中・戦後の）恋の思い出は、辛い中にも必ず笑えることがあったはずであり、その部分を次世代からの取材・インタビューに答える形で語り伝える。最終的には「辛い」ではなく「笑える」思い出としてしまい直すことができれば幸いである。

生徒や学生たちにとって、恋について物語ろうとするシニアは、キラキラと輝いて見えるに違いない。恋愛を通じて、歴史・政治・経済についても学び、自分たちには知り得ない経験を持つ人物として、高齢者に対する敬意が醸成されることにも期待できる。

テーマが恋愛であることで、年少者が関心を持って取り組める。恋ばな（恋愛を巡る話）をベースにして、いわゆる「笑って泣ける」劇にして上演したり、絵本やアニメーションの創作もできそうだ。

病院でも、笑いを学ぶ動きがある。たとえば職員を対象とした医療安全研修会では「笑いと医療安全」、新人看護師や医療スタッフに向けた研修では「笑いの現場から学ぶコミュニケーション術」など、講座が開かれるようになった。[*5] ちなみに講師を担当したのは、元・芸人で放送作家に転身した、自称・日本初の漫才式セミナー講師のWマコトさんである。

「笑い」の伝道講師は、教育や医療機関に留まらず、ビジネス界でも招聘されている。講師をお探しの際は、NPO法人・シニア大樂（東京都千代田区、二〇〇三年設立）に膨大な「講師リスト」がある。迷ってなかなか決められないほど、大勢のシニアが講師として登録されている（とくにエンターテインメントや演芸のジャンル）のは、新鮮な驚きである。日本笑い学会（大阪市北区、一九九四年設立）にも「笑いの講師団リスト」がある。

笑いを学んでみたいと思う人には、お笑い芸人の養成所として、吉本総合芸能学院（NSC、一年制）やプロダクション人力舎の「スクールJCA」（一年制）などがある。しかしこのような養成所は、シニアが入るには敷居が高い。

そこで芸人になることを本格的に目指すコースとは別に、笑いを趣味として学びたい、シニア向けの講座や教室はないものかと探してみると、ある。推進しているのは前述のNPO法人・シニア大樂で「ユーモア・スピーチの会」「シニア川柳教室」「小話・落語研究会」「アイディア・脳トレ教室」などが、毎月開催されている。誰でも一回五〇〇円で参加できて、笑いに親しむことができる、絶好の学び場となっている[*6]。

また千人を超える会員数を誇る日本笑い学会でも毎月、学会が主催する、笑い・ユーモアをテーマとする「オープン講座」、並びに全国にある一六支部で、それぞれ講師を招いた研究会が開催されている。会員（年会費一万円）になれば、参加費は無料で、年に一度の「笑い学会大会」に出場したり、学会誌『笑い学研究』も享受できる[*7]。

## シニア向け学習の復興

「笑い」を学ぶ動きが、子どもからシニアまで、さまざまな年齢層に広がってきていることがわかった。実は学びは、人生のどの時期に、誰に向けて行われるかによって、大きく三段階に分けられ、異なる名称がある。

小・中・高・大学は、やがて社会に出るための学びであるペダゴジー（pedagogy）、成人を対象とする、社会に適応し続けるための学びはアンドラゴジー（andragogy）。そしてシニアを対象とする、老年期を豊かに過ごすための学びはジェロゴジー（gerogogy）と呼ばれる。

ジェロゴジーの筆頭といえるのは、シルバーカレッジ・高齢者大学などと称される、シニア専用の大学であろう。なかでも一九六九年に創設された、いなみ野学園（財団法人・兵庫県高齢者生きがい創造協会）は草分け的存在である。学部（四年制：園芸学科・健康づくり学科・文化学科・陶芸学科）と大学院（二年制：歴史・文化コース、健康・福祉コース、環境・地域コース、景観園芸コース）に、千名余りのシニアが学んでいる。

通常の大学が、シニアへ門戸を開いている場合もある。一例として立教大学（東京都豊島区）には、シニアが正規の大学生として、シニア入試を受けて入学する立教セカンド・ステージ大学がある。本科（一年）と、さらに続けたい学生のための専攻科（一年）のコースがあり、本科のカリキュラムは、エイジング社会の教養科目群、コミュニティデザインとビジネス科目群、セカンド・ステージ設計科目群、ゼミナール・修了論文で構成されている。[*8]

ほかにも、シニアが聴講学生として、若者と一緒のクラスで学んだり、公開講座に参加できる大学が、多数ある。

「学問とは貧乏人の暇つぶし」と言ったのは立川談志（一九三六―二〇一一）であった。[*9]自由時間の無聊対策として、学習は打ってつけの活動である。同窓会は、せいぜい年に数回、数時間しかやってられないが、学びなら毎日でも、一日中でも、何年間でもできる。

子どもにとって学習は（大人に）やらされる、若い世代にとっては（出世のために）やらなくてはならないなど、自分の意志にかかわらず「やるべき」ものとしての色彩が強かった。シニア期になってようやく（あくまでも本人が）やりたいからやる活動になる。

若い時や現役の時に、勉強をやりたくてもできなかった人もいるだろう。過去に戻って、埋め合わせができる機会はなかなかないが、学び直しはできる。

しかも「今は昔」は、今に比べて「知徳を個人の富として尊ぶ文化」が重視されていたように思われる。よってシニアにとって、学びは真面目な人が頑張っている姿の象徴であり、学んでいる＝良いことをしているイメージに結びつきやすい。

現実問題としても、三〇年余り続くシニア期に、自己流の学びだけでは、変わり続ける社会に、追いついていけない。シニアにとって必要なのはどちらかと言えば、若者に講釈を垂れるというより、新たに学んで吸収することである[*10]。

とは言うものの、日本のジェロゴジーにはまだまだ開発の余地があるようだ。海外ではどのように進められているか、少し様子をみてみよう。

## 世界のジェロゴジー

まずはお隣の中国。一九八三年に山東省の済南市に、最初の高齢者大学となる山東省赤十字会老年大学（現在の山東老年大学）が設立された。もともとは退職した中国共産党の幹部や党員向けだったが近年、一般向けにも開放されるようになった。

背景に、中国で二〇二五年までに六〇歳以上の人口が、総人口の五分の一に当たる三・三億人に達するとの予測がある。第一三次五ヵ年計画（二〇一六～二〇二〇年）では、高齢者学習の推進が言及され、国内すべての大規模都市で最低一校の高齢者向け大学を開設するという目標が盛り込まれた。[*11]

二〇一八年の時点で、中国老年大学協会の推定では、七万校を超える高齢者向け教育機関で、およそ八〇〇万人が受講するようになったが、それでも高齢者数全体の三％程度でしかないという。[*12]今後は、参加希望者の増加にともなう入学難の問題も含めて、老年大学への関心はますます高まるであろう。

次に英国の状況をのぞいてみると、U3A（University of the Third Age：第三世代大学）が活発である。名称は「第三世代向け」となっているが、五〇歳以上であれば参加できる。全国千ヶ所以上にU3Aがあり、総数四〇万人の会員が在籍している。「教える者も学び、学ぶ者もまた教える」という役割互換のダイナミズムにより、学習者自らが（指導者や世話役となって）運営することでカリキュラムが整備されている。

いかにも今どきのシニアは、体力も気力も、壮健ぞろいである。評論にもたける彼らにとって、黙って聞いているだけの学びは、ややもすれば苦痛になる。それを回避するべく、自律的な相互学習（interdependent learning）の組織となっていることが特徴であり、非営利団体の第三世代トラスト（Third Age Trust）が活動を推進している。[*13]

そもそもジェロゴジーといえば、フランスに原点がある。U3A（université du troisième âge）の始まりは、ツールーズにある社会科学大学の法経済学部ピエール・ヴェラス（Pierre Vellas）教授の発案で、一九七三年のことであった。

学生の対象は、当初は高齢者であったが、現在では年齢を問わず、成人が学べるようになり、呼称も余暇大学（université du temps libre）や世代間大学（université inter-âge）、すべての年代大学（université tous âges）に代わりつつある。すなわちジェゴロジーだけではなくアンドラゴジーと乗り合わせた形式へと、進化を遂げているようだ。

一九七五年には、国際第三世代大学連盟が設立され、国内に留まらないネットワークができた。[*14] 日本のU3A大阪（別称：U3Aジャパン、NPO法人エイジ・コンサーン・ジャパンによって二〇〇九年設立）も、二〇一六年に開催された国際U3Aコンフェレンスのホストを務めるなど、一翼を担っている。

## オンラインで国際化する学び

アメリカには、英国におけるU3Aに近いスタイルとして生涯学習講座（Lifelong Learning

Institute）がある。[*14] 二〇一三年にはNPOロード・スカラーと手を組んで教育的資源を共有し、ロード・スカラー・生涯学習講座と改名した。

ロード・スカラーの前身はエルダー・ホステル（一九七五年設立）であり、米国内のみならず世界の四〇〇万人を超えるエルダー（シニア）層へ、学びながら旅する／旅をしながら学ぶプログラムを提供してきた。

二〇一〇年から、流れを受け継いだロード・スカラーには五五〇〇の「学びの冒険」（learning adventures）があり、年間一〇万人以上が参加している。基本的に五〇歳以上を対象とし、全米各州はもちろんのこと、一五〇の国々と連携している。多岐にわたるオンライン・プログラムも準備されており、赴きたいと思っても現地まで足を伸ばすことが困難であった人々にとって、世界を遊学できる機会が拓かれた意義は大きい。[*15]

昔日、シニアとオンラインやVR（仮想現実）・AR（拡張現実）を用いた学びとの間に、あまり接点はなかった。しかし近年になって、デジタル・キッズ顔負けのデジタル・シニアが急増している。しかも実のところ、キャンパスに通学せず、PCなどの画面に向き合うだけで、自室で参加できる方式は、キッズよりシニアにとって、重宝な学習環境といえる。世界の国々で今後、当たり前となって普及するであろう。

翻訳ソフトが本格化し、母国語を意のままに多言語へ訳せるようになれば、言語の壁を越えられることで、大学を始めとする学び場は国公立でも私立でもない「世界立」の存在へと変貌を遂げていける。

遅かれ早かれ、日本のシニアが、世界のどこへでも瞬時にネットワークでつながり、海外のシニア学生と仲間になれる。そしてこれらの仮称・世界立大学で取得した単位は、各学生が単位銀行(ユニット・バンク)へ、あるいは単位距離(クレジット・マイル)として貯蓄しておき、十分な単位数が貯まった時点で卒業が認定される。従来の単位互換制度とは次元違いの柔軟な体制が、そう遠くない将来、整えられるであろう。

今後、トントン拍子でエデュ・テック(Edu-Tech:教育に使うテクノロジー)が進歩すれば、ジェロゴジーを通じて、VR・ARであるがゆえの、学習が繰り広げられる。もっと言えば、ベッドの上で過ごす日々を余儀なくされているシニアが、アスリートのように走りまわったり、ほうきに乗って空を飛ぶなど、ありえないはずの非現実が現実になる。学びは格段と面白く、楽しい体験に変わっていくのだ。

## シニアは何を学ぶのか?

現状の日本に視線を戻して、シニア向け講座といえば、歴史や文学などの教養科目や、園芸や陶芸など趣味講座が多い。どのような科目を学ぶかについても、見直しておこう。

何を隠そう、シニア期にはがっかりするような変化が起こる。高齢化がすべての人の肉体的な能力を低下させる要因であるのは事実。[*16] どれだけ擁護しても、肉体が衰えていくことは喜ばしくないいし楽しみでもない。若い頃のほうが、幸福になるのは難しくない。[*17]

しかも自分が「渦中の人」であるために、気づけていない部分があったり、反対に必要以上に思い詰めてしまう場合もある。知らない・学んでいないことばかり、知りたい・学びたいことばかりで、とても本人だけで整理できるような問題群ではない。

少なくとも高齢者であることや高齢社会について、学ぶ必要がある。このような科目は老年学（ジェロントロジー：gerontology）と呼ばれる。「組み合わせ」として、（ネガティブになりがちな）シニア期であればこそ（ポジティブ要因となる）ユーモア・笑いについて習得する笑い学が望ましい。病気になったり、やがて臨終の床についた時にも、本人がほんの少しユーモア・センスを意識できることで、苦しみや不安からわずかなりとも距離を置いて、楽になれる。

体調が悪い時に、まして死にそうな時に、面白いことなど考えられない、と思ってしまうと、苦しむことに専念してしまう。苦境の時にこそ〝にもかかわらず笑う〟を心がける、名づけて「笑い学だましだまし作戦」が功を奏するのだ。

しかしシニアになって「これからユーモアを学ぶ」などと言い出せば、「今さら、そんなことと？」といぶかる人もいるだろう。「ついにおボケになったのでは？」と首を傾げられるかもしれない。そこで弁明しておく。

シニアになって「今さら」ユーモアではない。試練と向き合うシニアになった「今だからこそ」笑い学はシニアの必修科目なのである。笑いを、学習すべき科目として意識できると、とりとめのない日常において、面白そうなことに目を向けるようになる。楽しい何かを見つけだそうと心がけるだけでも、世の中の動きに敏感でいられる。*3

面白いものは、ある人にだけ見えたり聞こえたりしているのではない。同じものを見たり聞いたりしている中から、面白さに焦点を当てることができる人がいて、その人の人生が少々楽しくなる。たとえ自分から積極的に「面白さ」を発信できなくても、相手のユーモアを理解して受信できるようになるだけで、毎日が変わる。

しかも笑い学は、若い時からやっていなければできない、という前提条件を問わない。新しく道具を買いそろえる必要もないので、始めるのに資本がかからない。誰でも何歳からでも始められる、きわめてバリア・フリーな科目である。

極めつきは、ユーモアは身に付けておいて邪魔にならない（得するだけ）。一度学べば磨きをかけながら、一生使える能力になる。

ヘンリー・D・ソロー（米・作家、一八一七―六二）は「金のかからない楽しみを持っている人が最も裕福である」と述べた。前述の、立川師匠のお言葉「学問とは貧乏人の暇つぶし」（6頁）にもつながる。

年金暮らしで節約を強いられていても、学問はできる。というより、もしお金に恵まれていないと自覚しているなら、何事も笑って乗り越える方法は、学んでみるに値する。

真の哄笑者、超人ツァラトストラ（F・ニーチェの分身）も、笑いこそ至高のものとして、こう告げた。「高貴な人間たちよ、願わくば学べ、笑うということを！」[*18]。

## 健康笑い学

笑い学である、という自覚はないかもしれないが、たとえば「笑いと健康（名づけて健康笑い学）」について、シニアは藪医者と同じぐらい、とにかくヘルス・リテラシーが高い。

というのもさまざまなメディアで、健康・長寿特集が頻繁に組まれて、老化や呆け防止になる「笑いの効能」が取り上げられている。そのお蔭で、ウォーキングがいい、減塩がよい、と同じくらい「笑いは身体にいい」と認識されるようになった。

このような流行の端緒となったのは、ユーモア療法（humor therapy）であろう。その始祖と呼べるのは、サタデー・レビューの編集長を長く務めたノーマン・カズンズ氏であり、自らの生還体験が『笑いと治癒力』（一九七六年）として発表されている。

ベストセラーとなったこの本を執筆する一〇年前、彼は強い痛みをともなう強直性脊椎炎に罹患し、歩行ができなくなり、やがては植物人間になると医師から診断された。助かる見込みは五〇〇分の一と告げられ、ショックで笑うしかなかった、という。

処方された薬を飲みながら過ごしていたある日、一五分ほど大笑いしたあと、二時間痛みがなく熟睡できたことがヒントとなり、ユーモア本をたくさん読み、喜劇映画をたくさん見て、笑った。加えてビタミンCを大量に摂取した。すると血液検査のたびに炎症の度合いを示す数値が下がった。

あろうことか数ヶ月で職場復帰を果たした彼は、最終的には病を克服し七五歳まで生き、心臓病で亡くなった。[*19] ユーモア療法における伝説の人となったのである。

ユーモア療法とは別に、心理的・生理学的な観点から、笑いの身体への影響を研究する領域として、スタンフォード大学・精神病科のウィリアム・フレイ教授らが始めた、ジェロトロジー(gelotology)と呼ばれる分野もある。

ジェロントロジー(gerontology：老年学、12頁)やジェロゴジー(gerogogy：高齢者教育学、6頁)と間違えるほど、名称がよく似ている。**gero**はギリシャ語で古い・老人の意味、一方の**gelos**はギリシャ語で笑いの意味。どちらも本書のテーマである。

笑いが、健康と長寿に及ぼす効果の数々については、ご存じの方が多いと知りながら、笑い学の事始めに当たって、復習しておく。まず笑いは、がんに効く。

たとえば漫才やコントを見聞して笑うと、免疫を高めてがんを抑える作用をもつインターロイキン―12Bを出す能力が上昇する。[*20] 唾液中の免疫グロブリンAも増える。加えて免疫機能を活性化させる神経ペプチドが分泌され、血液やリンパ液に流れ込み、体内を駆けめぐる。神経ペプチドに反応して、体内に存在するNK細胞が、活性化する。[*21]

認知症に対する笑いの効果も名高い。何しろ笑うと、脳の大好物である新鮮な酸素が、脳へ運ばれて、脳が活性化される。

認知症の原因として、ストレス・ホルモンであるコルチゾールが増加して、海馬を萎縮させ、新しい記憶を保てなくなることが挙げられているが、[*22]笑うとコルチゾールが低下し、脳全体の血液量が増加することで、海馬の萎縮を防ぐ。すなわち笑いには、認知症を予防したり、進行を遅らせる効果がある。

さらに名古屋大学大学院・予防医学の竹内研時准教授の研究グループは、介護を受けていない高齢者一万四千人余りを三年間追跡し、日常生活で声を出して笑う頻度と、その後の介護の必要性について分析した。その結果、ほとんど笑わない高齢者は、ほぼ毎日笑う高齢者に比べて、身の回りのことが一人でできなくなる「要介護二」以上の段階になるリスクが一・四倍高くなった。[*23]ここまでくるともう「少しでも早く呆けたいなら、笑いの頻度を減らすほうがいい」という結論にさえ聞こえてくるのだが、気のせいだろうか。

これらのほかにも、笑いの医学的効果を示す研究は、枚挙にいとまがない。何年に何博士が、学会で論文を発表したなど、詳しく紹介すると別冊を要するので、本書ではこのぐらいの紹介に留めておく。

「研究の成果」とは言えないかもしれないが、笑いの殿堂、なんばグランド花月（大阪市中央区）で一番多い忘れものは杖。ツアーで訪れるシニアの中で、杖をついて来た人が、演目を見て笑って過ごした後に、席の横に置いた杖を忘れてスタスタと会場を後にするためだという。[*5] 笑いの効果を説明するのに、十分なエピソードである。

この話で思い出したが、笑うと、たとえばリウマチ患者にとって鎮痛作用のあるβ―エンドルフィン（内因性モルヒネ）が出る。[*5] 笑うとセロトニン（快楽ホルモン）が増えるので、鬱症状にも効く。

笑いには美学的効果もある。笑顔をつくる表情筋は、眼輪筋（目の周りの筋肉、目を細める）、大頬骨筋（頬の筋肉、口角を上げる）、そして小頬骨筋、上唇拳筋など複数ある。つまり笑顔になると、縦・横・斜めの目・頬・口元の筋肉が使われることになり、小顔効果がある。肌にハリやツヤが生まれることで若返り効果も見込める。[*24]

さらには、笑うと大胸筋や助間筋など呼吸筋肉が強化される。横隔膜が上下運動を繰り返すので、内臓がマッサージされ、カロリー消費量が増える。唾液の中にある消化酵素や、胃腸の消化機能を助けるホルモンのガストリンが分泌されるので、ダイエット効果もある。[*25]

「ちょっと笑いすぎたかな」と思っても、飲み過ぎた後の二日酔いのような後作用はない。好きなときに摂取できて、持続性に優れる（思い出して笑っても効く）。病状がなくても、前以て服用しておけるし、周囲の人にも効果が広がる。笑いが薬ともいわれる由縁である。

# 日々が天然笑い学

ところで、今どきのシニアの毎日がどうやら、そのまま地でいく「天然笑い学」の様相を呈しているのでは？　と覚しい。振り返っておこう。

ＯＥＣＤ（経済協力開発機構）が公表している「Health Statistics 2019」によると、国民一人が年間、医師の診察を受ける回数は、ＯＥＣＤ加盟国の平均が六・八回であるのに対して、日本は一二・七回。韓国（一六・〇回）についで、二番目に多い。

二一世紀に入り、海外で積極的に行われるようになった電話やオンラインによる受診の回数が、データの中に含まれていない可能性があるため、念のために一九九〇年と二〇〇〇年のデータを参照してみても、日本の順位は一貫してトップクラスであり、ＯＥＣＤ平均の約二倍に及ぶ。[*26]

つまり日本人はよく医者に診てもらっている、ことになる。

とくにシニアにとって、働きがいを手放したあと、通院や治療がライフワークになりやすい。[*27]

待合スペースでの「今日〇〇さん、来てないけど、どうしたんだろ」「どこか具合が悪いんじゃない？」というやりとりは、日本シニアの熱心な病院通いを笑う、病院ジョークとなっている。

シニアになっても健康診断の結果が「オールＡ」であると、六〇・七〇年生きてきた身体に、何も見つけられないはずはない、と納得できない。見落とされたのではないかと案じてか、セカンド、サード・オピニオンへの巡礼が始まる。あえて名づけるなら「健康でいたいが病名はほしい症候群」が該当しそうである。
病院側としては、経過観察でもいいから、とにかく探し出さなければ、評判が下がりかねない。整体院で（マッサージ師）も客に一旦触ってから、誰に向けても「すごく凝ってますね」と言うのがマナーであるように、喜ばれる言葉を、聞かせてあげなければならない。[*28]
しかしひとたび病院で、経過観察と判定されたシニアは、これ以上悪化させないために何に気をつければいいのか、と詰め寄る。とくに気をつけなくてもいいと伝えても、どの段階になれば気をつけたほうがいいのか、と説明すればするほど、その説明の中から新たな不安を見つけ出して食い下がる。[*29]
そこで医師は、話を打ち切るために芝居を打つ。「念のために、血をとって調べてみましょうか？」。このひと言で通用しない場合、注射をする準備に取りかかりながら「太い針のほうがたくさん採れて、いいかな？」などと、ナースに問いかける振りをして、独り言つ。ジャパニーズ・医療コントである。
海外の人にとって、このような日本人は、健康ホーリック・健康フリークに思えるに違いない。ブーイングを覚悟して、誇張させてもらうならば、完璧な健康状態でないと、ものすごく不幸な気持ちになる健康潔癖症。健康が一番大事と考えて譲らない、健康依存症。健康のためなら死んでもいい「健康への奴隷化」現象である。
ここまで人々に崇められる健康信仰は、日本におけるもはや宗教に近いが[*30]、その裏側には健康でないと周囲の足手まといになる、「病気になってごめんなさい」という文化が見え隠れしている。

## 江戸と海外にも健康オタク

事程左様に、「健康のため」と聞きつけるや、人々がのめり込む動向は、現代シニアに始まったことではない。昔から、痛々しいほど健気であったようだ。

現代であれば、入浴時にタワシによる全身摩擦、待ち合わせ場所で立ったままのかかと落とし（骨が丈夫になる運動）、など涙ぐましい話があるが、江戸っ子も壮絶であった。

江戸末期の儒学者であった佐藤一斎（一七七二―一八五九）は、「言志耋禄（てつろく） その十一」（養老の法二十五則その六）に「老人はもっぱら養生に拘て、或はかえって之れを害す。但だ已甚（いじん）を為すこと勿れ。すなわち是れ養生なり」と記している。養生にこだわりすぎて、かえって身体を悪くしそうな健康オタクが、この頃すでに、忠告せずにはいられないほど顕在していたようである。[*31]

江戸っ子は、薬好きでもあった。当時のショッピング・ガイドブック『江戸買物独（ひとり）案内』（一八二四年）によれば、合計二六二二軒の商店のうち、飲食店（一五一軒）・菓子屋（一二〇軒）に比べて、売薬屋（二〇七軒）と薬種屋（売薬を兼業している店、五〇軒）が多い。一〇軒のうち一軒が、薬を取り扱っていた計算になる。[*32] この光景は「マツキヨ」のなな め向かいに「福太郎」、次の角の「クリエイト」を曲がった先に「ウエルシア」が立ち並ぶかの、現代に類似する。

愛用されていた薬の例として「加減読書丸」は、「心を開き智を益し志を強し精神を安じ血を巡らし元気をおぎなう、気こんをつよくし物覚えをよくしもつはら健忘の症に用いべき薬なり。鬱気をはらい睡りを醒まし酒食の毒を解し大小便を利しまた動気いきぎれするによし」と効果が謳われていた。[*33] つまりは精神安定・血液サラサラ・物忘れ防止、加えてプチ鬱・デトックス・動悸息切れに効くサプリのようであり、今発売しても「売れ筋」間違いなし。

ところがこのような風潮は、日本発というより、もともとは海外から来たと思える節がある。

一例としてトマス・ホッブス（イングランド王国・哲学、一五八八―一六七九）は、若い頃からワインと女性に関して過剰を避け、六〇歳では飲酒をやめた（禁酒・禁欲生活）。日々の食事をチェックし、とくに鱈など、特定の魚に拘ってたくさん摂取した。運動をして熱を得て水分を排出できると信じ、汗をかくために毎日精力的に歩いた。たくさん汗をかいたあと、使用人にお金を与えて、身体を摩ってもらった。声が良かったわけでないのに、歌が肺を強くし、長命に益すると信じて、夜ベッドに入った時、「歌い継がれた曲」という本から選んで歌った、という。[*34]

この調子でいくと、人生最後の食事に何が食べたいかと聞かれて、その答えが「ライ麦のパン」。理由は「健康にいいから」になりそうだ。

## 病気ネタ

シニア期になって重要なことは、病気にならないことではなく、病気になって「ウィズ病気」を、いかに楽しく生きていくかである。現実に照らしても、近年では二病（多病）息災、いわゆる内科・外科合わせて、二つ（以上）の持病を抱えながら生きることは珍しくない。[*34]

しかも病気になるなど、失調があって正常な老化、ないのは異常事態である。大病をしてやっと一人前のシニアになる。それまではまだ半人前の若造、ともいえる。

ところが病気といってもせいぜい、水虫と虫歯、仮病の風邪ぐらいにしか、なったことがないシニアが少なからずいる。何歳になっても病気一つしない「元気」という病気に罹っている。

「病気にならないと健康のありがた味がわからない」という表現があるが、確かに健康に恵まれたお蔭で、不健康な状態を知らない。そのせいか、ずっと健康だった人ほど、病気に打たれ弱く、健康でなければ生きていても仕方ない、と考えるほど脆弱になってしまう。

やがて「健康が取り柄」と言えなくなった時、地震の準備はしていても、病気になるとは「思いもよらなかった」だと、かえって仇（あだ）になる。健康に未練を垂らすのはほどほどにして、上手に諦めなければならない。そして病気とともに、ユーモアを戦術として人生を陽気に過ごす。

たとえば入院した時も、同室の患者や看護師さん、そしてお見舞いに来てくれる知己やケアをしてくれる身内に、ユーモアを披露できるチャンスととらえ直してみる。何しろ病気ネタを語らせれば、患者の右に出る者はいないはずだから、自信を持っていい。

「トイレで力んだら、ぎっくり腰になりながら骨折…パンツを降ろしたまま動けなくなり、運ばれてきました」。自分の身に降りかかった事実を話すだけで、笑ってもらえる。

シニアであれば、病気自慢をおかず（つまみ）にして、ご飯が三杯は食える（酒が三時間は飲める）ほど、材料に窮しない。同病者であれば、そうでない者が容易に割り込めない専門用語入りの特殊ネタで笑い合える。しかも症状が重篤であればあるほど、格が高い「上級食材」「黄金のレシピ」になる。

かつては、温泉や銭湯で手術の傷を見せびらかす「お披露目大会」ができたが、この頃は腹腔鏡手術など、傷が「確か、この辺りにあったはず…」と、自分でも探すほど目立たなくなった。将来、傷跡はさらに地味になるかもしれないが、手術自体はもっとマジカルになるだろうから、それをどう面白く話すか。弁舌の磨きどころ、と受け止めることにする。

手術の前夜や直前の、身震いがくる恐怖感、手術後の痛み止めが効かない苦しみなど、味わった体験のすべてを、語り種にする。病いを笑いに転じるユーモア精神を持てると、悪いところだらけ（病気の百貨店）だ思っていた体が、自慢の宝庫になる。

苦しみは人と分かつと半分になり、喜びは人に分かつと二倍になる、とティートゲ（独、詩人、一七五二―一八四二）は言った。病気になってもユーモア・マインドを忘れずに過ごしていくことで、苦しみを半分に、喜びを二倍にできる。笑い学を習得することで、それができる。

# 2

## 華麗なるシニア社交界へ

### 自己紹介のユーモア

# 新友は親友

近年、熟年（再）離婚や熟年再（々）婚に至るシニアが増えている。しかしそこまで修羅場を経験したくない人には、結婚相手ではなく友人を見つけるという選択肢がある。「歳をとってから親友は見つけにくい」と言われてきたが、一概に賛成できない。むしろ反対に、シニア期は本物の友人づくりができる時期と考えられる。

昔のことばかりを話していたいのなら、旧友が欠かせないが、今後について語り合いたいなら、新しい友人に恵まれたい。新友は親友になりえる。数十年一緒に働いても、会社を辞めたら一度も会わなくなるような人は、親しい間柄と呼べない。それよりせっかく退職するならば、ビジネス抜きの友情を大切にできる。

フランスの諺に「友情の最良の時代は老いの時だ」とある。家族との関係が薄いわけではないが、フランスでは成長した子どもと親は原則、同居しない。友人を、生きていく際の重要な人間的資産と考えているようだ。[*1] ところが日本には従来、「赤の他人」という言葉がある。赤は「あからさま」の意味。血縁が重視されてきたためか、血のつながり以外を、明らかな他人として区別するかのような偏向がある。

家族に対しては、何度裏切られても愛し続けることができても、友情は些細な喧嘩一つで、「だから最初から深く関わらなければよかった」などと、あっけなく諦められてしまう。その後は、めっきり音信不通になるなど、友人に対して、家族のような紐帯が育ちにくかった。

しかしシニア期には、親や配偶者に先立たれることもあり、かけがえのない存在を失いがちである。人生において、以前のどの時期よりも、共に乗り越えていく同志との深い関わりが求められる。歳をとって巡りあえた運命だけでも、若年期の友情とは別格の感慨がともなう。

笑い学を学ぶための集まり自体が、絶好の機会になる。シニア向けのお見合いサイトも捨てがたいが、学びを縁としても出会いがある。ユーモアとともに社交界へ、再びデビューしてみよう。

## なぜ自己紹介が大切か

年齢とともに「面の皮は厚くなる」と言われながら、実際には人見知り・上がり症のまま、気づけばシニアになっていた、という人が多い。スピーチやプレゼンが得意な人は、自らの長所を発揮して、ますます上手になれるだろう。しかしそのような人は、ほんの一握りに過ぎない。

圧倒的多数の人は、暗記するほど原稿（やメモ）を読破したり、喉が嗄れるほど練習したり。長い夜の果てに、ぎこちなく本番当日を迎えている。最悪、来たるべきその日に、練習のしすぎで声が出なくなっていることもあり、暗記はできているのに、無念の極みである。

しかもこのような、その人なりの性分は、克服しがたく、むしろ終身ついてまわる。出会ってから二回目以降になれば、徐々に緊張を抑えられるとしても、第一印象が重要とインプットされているせいか、どうにも初回が芳しくない。とくに、女性陣に比べて男性は、とりとめのないおしゃべりが苦手と言われてきた。自然な自己紹介で溶け込むことができず、不自然になりがちである。

結果として、自己紹介ができるだけ早く終わりますように、と願う。もしくは自己紹介なんて上手くできなくてもいい、と（自己紹介のことなど）考えないようにする。最悪、自己紹介に苦手意識があるせいで、出会いの場に進んで出ていけなくなる。だとすれば、失うものが多すぎる。

## 自分を達観してみよう

話下手、と思っている人の中に、失敗したらどうしよう、と気にしすぎている人がいる。自己肯定感が低かったり、自分にプレッシャーをかけやすいタイプの人は、本来の力を出せない。ユーモアを発揮できない理由も、実はここにある[*2]。

なぜならユーモア体質になる基本は、意外に感じるかもしれないが、自分に自信を持つことである。ユーモアを思いつく余裕を失わないことが、面白い発想の原点なのである。「できない」「むり」ではなく「できる」と感じるゆとりを持つ。これだけで、ユーモア発信に向けて準備していることになる。

面白い発想が生まれる、もう一つのポイントは俯瞰（メタ認識）であろう。たとえばドローンや気球に乗っているかのように、上空から鳥瞰する鷹の目、生身の人間では届かないような深海に潜って、鯨瞰(げいかん)する鯨の目。鷹と鯨の目の両方を持っていれば、海と空が結びついて、より広い視線で世界を見遥かすことができる。

蟻の目線もある。地べたを這って生きている蟻は、顕微鏡のようなモノの見方ができる。蟻のまつげを見るくらい仔細に、状況を見直す中で、今まで見落としていた、意外な着想ができる。はたまた、こうもりの目線もある。逆さまにぶらさがって世の中を見てみれば、どん底だと思っていた状況が、てっぺんに見えてくるやもしれない。[*3] いわゆる逆転の発想でもあり、たとえば年とともに「減る」と考えずに「増える」と考えてみる。ゲップの数・夜中トイレに行く回数、探したけどみつからなかった物の数など、増えるは増える、増える一方である。[*4]

人はおそらく根(こん)をつめて、一点を凝視したような状態に陥りやすい。しかも自身のこととなると、できない部分に注目するなど厳しく受け止める謙遜派が多い。そこであえて意識して、できる部分に注目してみる。それだけでも以前より、正しい自画像を抱けるようになる。[*5] 自己紹介を見直すことは、自分を達観してみる貴重な機会になる。

## 秘訣はギャップ狙い

もしかするとあなたは、出かけるたびに職質（職務質問）され、近所の赤ちゃんに会うたび火がついたように泣かれ、犬には飛びかかられる、ような人相かもしれない。[*6] このように第一印象が冴えないどころか、はっきり言って悪い人ほど、ユーモアを利用すると優位になる。
「強面（こわおもて）なのに面白い」と、見た目とのギャップがあるお蔭で、ひとたび話をしてみたら、予想どおりでないことが「嬉しい裏切り」になる。とくに何とも感じない人より、どちらかといえば嫌いと感じる人に対して、好印象へとひっくり返すことができる。[*7]
「面白そうな人に見えない」も、ユーモアの世界ではありがたい要素になる。微妙に面白いだけですごく面白いと「嬉しい勘違い」を招く。
第一印象が決まるのは、最初の六秒以内、あるいは見た刹那（〇・五秒）など諸説ある。しかしシニアであれば、就活の面接ではないので、ここまで短く「秒」の単位に限定しなくても、まずは自己紹介をじっくり聞いてみたいものだ。
その際、冒頭に笑いがあるとその後、笑いやすくなる。話者が、一度面白いことを言うと、聞いている側は「また何か、面白いことを言うのでは？」と、話の内容に関心を示す。もう一度笑おうとして、あるいは次は笑いそびれまいとして、話を聞き入れる体制が整う。[*8]
「すごく緊張してしまって…」などと前置きするシニアがいるが、残念ながら、年長者になると「シャイさん」や「緊張しぃー」が、若い人ほど似合わなくなる。周囲がどうしても人生の達人と認識してしまうからである。
「人前でしゃべるのが苦手で」と、言い訳で始まる人もいる。しかし人生が長くなった今、苦手なまま逃げ切ろうとするのも、また一苦労である。

ならば、自己紹介を克服して、苦手でなくす。言い訳で始めるより、面白く始めよう。もし自分のしゃべり方や声を気にしているなら、内容を面白くして、焦点を中身に当てる。そのことで、しゃべり方や声を、ユニークな個性として印象づけられる。

自己紹介は自己開示のためのドア・オープン、人間関係における「つかみ」である。ユーモアがあることで、思わずつかみ（取っ手、ノブ）をひねって、ドアを開いてみたくなる。一人のユーモラスな自己紹介が、その場の雰囲気を和ませて、全体のアイスブレイクにもなる。

## 文章におけるつかみ

この際なので「つかみ」がどれほど重要かについて、自己紹介（トーク）以外の、綴られた文章にも視野を広げて、考えてみる。

新潮社から出版された天久聖一編『書き出し小説』（二〇一四年）は、書き出しだけを集めた本である。「続き」となる展開は、読者が好きなように想像せよ、という斬新な設定になっている。つかみを意識する勉強になる。実際に「書き出し」の例を二作品、紹介する。この先をどう広げるかは、皆様次第、どうか楽しんでみてほしい。

コンビニ部門：あの娘が温めてくれたお弁当とあの娘が取り出してくれた唐揚げ。これはもうあの娘の手料理という事でいいんじゃないか。（by 伊藤和彦）[*9]
（唐揚げ弁当と片思い、青春の定番なり）

変態部門：あの娘が出したゴミ袋を漁ると、俺の捨てたゴミが出てきた。（by TOKUNAGA）[*9]
（さすがに「変態部門」と銘打つだけある。俺とあの娘とゴミのマニアックな「続き」とは？）

クラシックと呼べる小説や物語の出だしにも、面白い事例がある。文章のプロによっても、初手で読者の心をしっかり掴むことは、一つの確立された手腕のようである。
たとえば、宇野浩二の「蔵の中」（一九一九年『文章世界』に発表）は、「そして私は質屋に行こうと思い立ちました」と接続詞で始まる。[*10] 文法的に正解でないことで、読者に「はあ？」と感受させて、より深い印象を持ってもらうことを狙ったと推測される。
井伏鱒二の「本日休診」（一九四九〜一九五九年『別册文藝春秋』に発表）は「こんな看板が、最近、蒲田駅前の広場のはづれに立てられた。大きな立看板である」と文章が添えられるものの、看板の書き写しで始まる。川端康成の「虹」（四季書房、一九四七年）は（この子をあげます。可愛がって下さい。――踊り子一同より）と手紙文で始まる。[*10] いずれも現代にして、新鮮な「つかみ」である。

## 外国語よりユーモア

自己紹介に話題を戻そう。実際問題、国際社会における日本人の自己紹介のレベルとは、どの程度なのだろうか？

大学生になっても「はじめまして。木村〇〇です。よろしくお願いします」と、通り一遍の自己紹介が行われている。他者から自分が目立たないように振舞うのが、今時大学生のトレンドなのかもしれないが、これで本当にいいのだろうかと、不安がよぎる。

かたや英語圏では、小学生が流暢にユーモアを交えて自己紹介をするのを目の前にして、日本のビジネスパーソンが「やられた」と赤面するしかない、と聞き及ぶ。[*11] 国際化が進んでいる国内で、今後ますます、出会いの場にはさまざまな国の人がいる可能性がある。ユーモアはこのような場面においても、出世術になる。

翻訳機の性能もますます進化するであろうから、今後は複数言語を操れる能力より、ユーモアを駆使できる能力こそが、格上のマナーになりえる。それは、語学力を見せつけて、「しゃべれる」だけのポリグロット（polyglot：多言語に通じる人）が犯したミス・コミュニケーションを、ユーモア・コミュニケーションで面白く修復できる人とも換言できる。

## 今日からあなたもユーモリスト

長い挨拶やスピーチはハードルが高いが、自己紹介であれば比較的、短く済ませられる。しかも面白いというピークを入れられれば一分で充分、物足りなさはない。長くて面白くないより、断然いい。[*12] 五分は無理でも、一分なら克服できそうである。自己紹介は笑い学入門の課題として適切であり、効果を出せそうな、いい予感がする。

だからと言って、たかが一分、されど一分。一分を笑うものは一分に泣く！　恐るべし一分勝負！　などと一分間のドラマチックを目指しすぎても、裏目に出てしまう危険性がある。相手が、笑いの玄人なら話は別だが、初めて会う初心者同士であろうから、押しつけにならないよう、お手柔らかなユーモアを心がけたい。次に、七項目に分けて、練習していく。

### 1．名前いじり

自己紹介といえば、まずは名前いじりが定番であろう。結婚して原真紀（はらまき→腹巻き）になりました、東京（あずま・きょう）になりました、など持ってこいの、本当の話がある人はいいが、ない人もいる。

そこで「飯塚麻子と申します。飯塚はチャーハンのハンに、麻子は麻婆豆腐のマーです」。要は、名前の漢字を説明しているだけなのだが、かなり中華料理が好きだということと「もしかしてこの人、面白いの？」を伝えられる。

近年になって、キラキラすぎてネーム負けしてしまう命名が、敬遠されはじめていると聞くが、（林家）パー子さんや（泉）ピン子さんは、元祖キラキラネームなのではないかと、ふと思う。あるいはシニアになると、キラキラネームが似合うようになるのかもしれない。再デビューするに当たって、呼ばれたいと思うキラキラ・ニックネームを、自分で考えておくのも一案であろう。

ニックネームというより、芸名で安藤なつ（↓あん・ドーナツ）さんがいる。佐藤利男（↓砂糖と塩）や遠藤紗耶（姓と名を逆にすると「さや・えんどう」）など、食材にちなんだ名前は、実はいくつもある。

そして斎藤勝（サイと馬・猿）さん。こちらは動物の「隠し題」（79頁）になっているお名前である。タレントのジョナサン・シガーが「ジョナ一、ジョナ二、ジョナ三です」と以前、TV番組で自己紹介していたが、面白いバイリンガルの名前もみておこう。水田Mary（↓水溜まり）、松本Jo（まつもと城）、山口Ken（やまぐち県）、青島Bill（ちんたおビール）など、名づけてくれた親の遊び心に、改めて乾杯したくなる。

ところで「私の名前はシュガーです」と自己紹介するのは、外国人向けバス・ツアーのガイド、佐藤卯一さん（一九三九―）。英検の第一回試験（一九六三年）で一級に合格し、通訳案内業の資格を有する、英語の名手にしてダジャレ名人である。[*13]

自己紹介の後も、ありがとうはアリゲーター（alligator）、問題ないはMonday night、手荷物は

ten minutes と、止(や)められない止(と)まらない。Japanese like tuna. Tuna don't like Japanese.（日本人はマグロが好き。マグロは日本人が嫌い）などと、まぐろ（やクジラ）を食べてしまう国と思われている、日本の良からぬ噂を笑いに転じる。交通渋滞やトラブルの心配があっても「今日も笑わせるぞと思えば元気がでる」[13]と自著で述べている。

## 名前いじりのルーツ

名前いじりは昔からあった、というより昔はもっとふざけていたのではないかと思われる。式亭三馬（一七六六―一八二二）の作『稀有化原異類異名尽(けうけげんいるいいみょうづくし)』は、人名の読みをクイズ風にした戯作であるが、平平平平(ひらだいらひらへい)、吉吉吉吉(きちよしきつきち)、さらには七八九十一郎(なやこのじういちらう)、七八五十六(ななやついそろく)らが登場する。[14]

言われてみれば、エドガー・アラン・ポーに漢字を当てた江戸川乱歩（一八九四―一九六五）、「くたばってしまえ」という罵詈を拝借した二葉亭四迷（一八六四―一九〇六）。そして福沢諭吉が「時事新報」の執筆に加わった時のペンネームが、重井槍梨(おもいやりなし)・妻利溺内(つまりできない)・音無九四郎(おとなしきゅうしろう)であったなど、名前で楽しもうとする気が、満々であった様子がうかがえる。[15]

自己紹介の「名前部門」で、殿堂入りの歴史的・世界的ジョークもある。第三八代大統領（一九七四―七七年）を務めたフォード氏が、副大統領就任演説の第一声として「私はフォードです。リンカーンではありません」（I'm a Ford, not a Lincoln.）と述べたのだ。

こう始まったには事情がある。フォードは堅物な印象が強く、つまらない副大統領が就任してしまったと風評されていた。そこで彼は、その人のトレードマークとなる就任演説に、先の「名前いじり」を披露してイメージを一新した。

一瞬、意表を突かれた聴衆が、え？　となった後、じんわり笑いの波紋が広がった。米・自動車会社の普通車フォードと、高級車で名大統領と言われたリンカーンの名前を掛けて、大衆派の政治家であることをアピールした、ジョーク史に残る自己紹介である。[*16] 私たちも「北島三郎ではありません。北島三四郎と申します」ぐらいならできそうだ。

ちなみに海外の政治家の実名が、（意図的ではなく）ただ単に、私たちに面白く聞こえる場合もある。たとえばダッコ大統領（ダヴィド・ダッコ、中央アフリカ共和国初代・第三代大統領、David Dacko）やアハーン首相（バーティ・アハーン、第一七代のアイルランド共和国首相、Bertie Ahern）など。[*17]

日本の元首相が、海外で名前をいじられたこともある。麻生氏はスラング名で、**Ass hole**（アス・ホール、ケツの穴の意味）。かたや小泉純一郎氏は、当時メジャーリーグで活躍していたイチローにひっかけて、自らを「ピュア・イチローです」と名乗っていたが、スラングでは**Pure Itch low**（ピュア・イッチ・ロー、純粋に下がかゆい）になる。

調子に乗って、ビジネス界における命名についても、少しだけ触れておく。

農業用機器で全国トップのシェアを誇る築水キャニコム（福岡県うきは市、一九五五年設立）の製品名には、意向が懲らされている。三輪駆動静香（↓工藤静香、伝導アシスト三輪車両）、草刈機まさお（↓草刈正雄、乗用草刈り機）、伝導よしみ（↓天童よしみ、発電機搭載運搬車）など有名人に絡められているのだ。[*18] 機械だが愛称で呼んでもらえて、可愛がられる。機械に、命を吹き込む擬人化（58頁）の効果が見込めそうである。

人名で構成されている会社名・ブランド名は、少なからずある。K＆Kは國分勘兵衛の頭文字、Johnson & Johnsonは日本語に直すと「ジョンソンさんとジョンソンさん」など、思いのほか単純な場合もある。それに引き換えネルトスグアサ、オキテスグメシ、エエカゲンニセイジだなんて、なんと凝っているのだろう、と感心していたら、馬名だった。[*19]

「名前いじり」で始まったはずが、やや脱線してしまった。何を言いたかったかというと、名前いじりは基本の基本。名前でまず、一つめの笑いが取れることを伝えたかったのである。それにしても余談が入りすぎてしまったことを反省し、次からは「脱線なし」で進めていく。

## 2．出身地・誕生日・経歴

使えそうなパターンとして「有名人と同じ〜」がある。たとえば「羽生結弦さんと同じ出身地の宮城県仙台市です」や「レディー・ガガと同じ誕生日の三月二八日です」など。

あるいは「最終学歴は、〇〇自動車学校です。実は退職してから、免許をとりました」や「住所は、一週間前から地獄です」などと言ってみてもいい。「退職してから？」「一週間前に起きた地獄エピソードって何？」とちょっとした違和感とともに興味を持ってもらえそうだ。

夫婦で自己紹介に参加している場合、妻のほうが「子どもが三人います。全員、夫の子どもです」。父親のＤＮＡを鑑定するようになった時代ならではの、ミセス・シモネッタ（下ネタＯＫ夫人）のジョークである。[*20]

となると夫のほうにも、ユーモアが期待される。「隣にいる私は、妻の旦那です」と自身を紹介する。妻を中心に、家が回っているであろうことや、優しい夫像を伝えられる。

## 3. 好き嫌い・趣味

「ゴリラ顔のせいか、バナナをよく薦められますが、バナナはそれほど好きではありません」
「好きな食べ物は、Ａ５ランクの霜降り肉・キャビア・松茸です。その中でも一番好きなのは、納豆卵かけごはんです」

誰でも好きだが、高級過ぎて滅多に食べられっこないものを羅列した後に、食費の中の優等生（納豆と卵）を出す。庶民フードの代表格「もやし三昧」（炒め・おひたし・包み揚げ）でもいい。

外見のいかめしい人が「趣味はラグビーとお菓子づくりで、好きな食べ物はピーチパフェです」であれば、（いかつい）見かけと（乙女な）味覚の不一致で、オチがつく。「大好物はボート・レースです」など、食べ物以外の好きなものを述べても面白い。

「趣味は五歳の時から、ハープ・アラビア語・乗馬を、習いたいと思っていました。退職後に、バイオリン教室へ通い始めました。作曲が好きで投稿したりしています」。退職後にバイオリンを始めることは、贅沢ともいえる趣味だが、前半を幾分面白くしてあるので、後半のちょっと鼻につく部分が嫌らしく聞こえない。一方で「趣味は借金です。住宅ローンを三〇年続けてきました」という人は、けっこう多いのでは？

「趣味は高級老人ホームの入居体験で、入居体験ブログを上げています。ちなみに若い時の趣味は住宅展示場めぐりでした」。この趣味は、シニアにとって重要な社会見学でもあるので、次回はぜひ、新しくできた友人を誘って、ご一緒に。

## 4. 容姿・特徴

身内が、誰かに似ていないだろうか。よく見つめてみてほしい。その結果、風呂上がりの妻が相撲取りに似ている、と発見した夫がいる。妻とは、新潮社編集部の中瀬ゆかりさんで、入浴後、服を着る前にくつろいでいたところ、事実婚だった故・白川道（小説家、一九四五―二〇一五）に、力士の遠藤に似ていると名指しされたという。

逆に、顔やスタイルが有名人離れしている人もいるだろう。そのような人は「膝（肘）が黒木瞳さんそっくりです」[*21]。よく見えないところなら、似ていようがいまいが、聞き流してもらえそうである。

「子どものころはイケメンに似ていると言われていましたが」も使える。後半部分を「今では冗談は顔だけで十分です、と言われます」や「今では、笑うとますます小さくなる目が、チャームポイントです」など、アレンジできる。

あるいは「今日の血液型は○○です」と言ってみる。次に、自己紹介をする順番の人がユーモアを受け取ってくれれば「私の、今日の血液型は○○です」とつなげてくれるかもしれない。

血液型が「日替わり」のわけはないのだが、今日日（きょうび）といえば、ハーフ・タレントが各種のメディアを席巻している。きみまろさんの台詞にも「私はハーフなんです、父が痛風で母が糖尿です」とある。これを、自分の特徴に合わせてテーラー・メイドできる。

皆様ももしかして、ハーフでいらっしゃいますか？　父が「O脚」で母が「猫背」など、組み合わせは自由自在、自分にぴったりな調合を探してみよう。

## 5. 特技

「昔は○○でした」は、使い回しができる便利ワード。たとえば「学生時代の特技は、テスト中に隣の人の答案を見ることでした。今は、隣の人の、皿の肉を食べることです」。

「昔は甲子園球児でした。現在の特技はぎっくり腰です」。かつての栄光にさりげなく触れながら、最後にサゲることで「ぎっくり腰かぁ、残念だったな」「人生、そんなもんだよ」と微笑んでもらえるだろう。

ユーモアは相手に、自慢された・宣伝された、と気づかれずにPRをさせてもらうために欠かせない。しかし、してもいい自慢といけない自慢がある。かつての「売り込み」の癖が抜けていないと、すごい人と知り合い、という人脈自慢・顔が効くふりをしてしまいがちである。「私の友人のいとこの同級生の…」と、わざと極端に遠巻きにするなら、面白くなるが。

情報通自慢も、知ったかぶりと僅差である。どちらかといえば、若い人よりシニアが陥ってしまうので、留意しておきたい。

それよりシニアの特技といえば、身を以て体験した経年劣化。「初めて四十肩になってから四〇年。自称、永遠の四十肩です」と言われたら、面白すぎる八〇歳と、思わず肩を組みたくなる。

「自慢できることは救急車に乗った回数です。一日に昼と夜で二回、運ばれたこともあります」。「名医にあたる確率が高いことです。今まで五回の手術から無事に生還しました」。このあたりは、若者には真似できない領域であろう。

特技がほかに、もう一つあった。「忘れ物です。今日も傘を電車の中に忘れてきてしまいました。帰る時、誰か傘に入れてくれる人を探しています」。忘れるなら傘、はシニアの知恵で、上手くいけば、帰りは相合傘、しめしめである。

「あとはえーっと…何をお伝えしようとしたか…ちょっと思い出せない。忘れるのが特技です」（続きは「行動ミス、115頁」で）。

## 6．キャッチフレーズ・抱負

嫁（婿）入り前に、家事手伝いや専業主婦（主夫）見習いだった方は、シニアになったら「専業年金受給者」が使えそうである。「一五日に国民年金と厚生年金をもらっています」と自己紹介するのは女芸人のバネッサさん（一九四二―、太田プロ所属）である。若手芸人が貧乏で食べていけない話を聞くが、年金の受給があって芸人をやっていけるなら、楽しそうだ。

自己紹介の場に、たびたび登場する名刺についても、見ておこう。現役の時とは異なり「代表戸締役社長」と書かれてあるなど、お偉い人が、そうでなくなるのがシニア界の爽快さである。ほかには「ガスの元栓確認係」や「電気消し忘れ防止主任」もある。任務の内容はともあれ、面白い肩書きを思いつきたい。とくに何も思い浮かばないなら「生まれ変わって…になることです」などと、抱負を述べることができそうだ。

一方で、名刺では不十分と思うのか、履歴書を持参するシニアもいる。どこの馬の骨なのか、まずは素性を名乗り出るのが礼儀だと考えている、律儀な方のようである。

しかし新しく出会った者同士なら、現役当時の仕事や、それ以前の学歴を気にしなくてもいい。わざわざ持ちだすと、ヤボになってしまう場合があるので留意したい。

## 7. 時事ネタ

時事ネタを用いると、時機を得たユーモアになる。しかし「じぇじぇじぇ」など、かつての流行語は、現在の死語であり、いつまでも使っていると周回遅れと見なされる。本来、流行語は、死語になるために生み出される、割りばしや紙コップのような消耗品である。その時の「旬」を強調できる代わりに、使い切ったら潔く、捨てる覚悟を持ちたい。

その点、今朝のニュースや天気は、終年使えて、無難である（続きは「司会のユーモア、200頁」で）。

### 自己紹介の後・他者紹介

自己紹介で誰かの印象に残ると、後で話しかけてもらえるなど「次回」につながる。自分からも、面白そうと思った人に、勇気を出して話しかけてみよう。

その際にも「有名人」は、大いに使わせてもらえる。「素敵な方が、座っていらっしゃるなあと、思っていたんですよ！」。これでもＯＫだが、相手に「ナンパされる」と警戒心を抱かれてしまうかもしれないので「あの、間違ってたらすみません、吉永小百合さんですよね？」と、笑い要素を足す。[*22]「危ない人」から「面白そうな人」になれる。

年代に応じて、喜んでもらえそうな有名人を当てはめて、わざと見間違うことで、相手は悪い気はしない。思わずクスッとなり、セクハラとは思われず距離を縮められる。

逆にもし「素敵ですね。誰かに似てると言われませんか？」と話しかけられたら、どうすればいいだろうか。「よく言われるのは、父（母）です」[*23]と、これくらいのユーモアなら、相当シャイな人でも返せそうである。

一方、他者紹介では「〇〇さんは、ご覧のとおり、容姿端麗でいらっしゃいます」など、見ればすぐバレる、見え透いたお世辞を言われることがある。そのまま受け入れるには気が引ける。

続く経歴紹介では、持ち上げようとしてくれるのか、オチャッピー（「どのみち」の意味、韓国語）大学をご卒業された後、ワンジョン・チェミッソ（「めっちゃ面白い」の意味、韓国語）研究所にご奉職されました」などと実名入りで、やたら細かいところまで、必要以上の紹介をされてしまうことがある。

このように誉めそやされた時「いえいえそれほどでも」「とんでもございません」と謙遜する代わりにユーモアで返すと、好感度がアップする。「ご紹介にあずかりましたように、子どもの頃から神童と呼ばれておりまして、〇〇小学校をわずか六年で卒業しました」「新聞は小学校の時に読み終わりました」[*24]など、ユーモア株は「お褒めの言葉」を交わせたとき、一ランク上昇する。

めったに誉められることのない人であれば、どうか絶好のチャンスを空振りしないように、スタンバイしておこう。

## 注意点――謙遜とお世辞

自己紹介する時も、他者紹介される時も、私たちは謙遜しすぎているようだ。傍から見て、いかにも偉そうなシニアが「私のような者が」という。こうなると、わざとらしく聞こえてしまうことがある。シニアたる者（威張っているべき立場でもないが）謙遜している立場でもない。なんとも際どい立ち位置なのである。

関連して、「このようなお席に呼んでいただき」「そうでなくても上がり症でございますのに、大変恐縮しております」なども、やや度が過ぎている。本人は精一杯、丁寧に振舞っているつもりであろうが、かしこまりすぎて、窮屈な空気になってしまう。

初めての出会いではなく、久しぶりに出会う場合もある。このような時、決まってと言っていいほど、褒め合いになる。この光景は、日本ならではの儀式（社交辞令）と呼べるのではないだろうか。

褒め合う内容の相場は決まっている。「いつまでもお変わりない」「あなたこそ若々しいこと！」とやり合うのが御家芸で、女性ばかりではなく、今どきは男性も行う。

成長過程にある若い人に対しては「見ない間に、随分変わった（成長した）ね」と言う。だとすると「いつまでもお変わりない」と言われた時点で、順調に老化している人への声かけである。そして「若々しい」は「若い」と断言できない人に向かって、苦し紛れに使われる表現のようだ。

心臓の強い人は、久しぶりに会った相手に「以前より若返ったみたい」と、ありえない嘘を言う。変わったのに変わっていないと否定する人よりも、虚偽性が強い。誰に対しても同じ台詞を使っている、常習犯に違いない。

言われた側が内心、もう若くないと自覚していると「いつまでもお若い」と言われ続けることに、素直に喜べない。本当は戸惑っている。

時として「何歳だと思う？」と尋ねてくる、年齢あてクイズに遭遇することもある。回答する側は、八〇だと思っても七〇と言う。おべっかで始まった会話はその後も、おべっかなしに継続できず、本音でトークができないままになる。

だからやはり「出会い頭」という、人間関係における「つかみ」は、とても重要である。お世辞はほどほどに、謙遜するよりユーモア。シニアが再デビューする際に、心に留めておきたいポイントである。

## 日本式ブラック・ユーモア

海外の人にとって、お世辞に対して真顔で謙遜し合う、日本でのやりとりは、どちらかといえばブラック・ユーモアに該当する。

英語の会話で「二〇年前と変わっていない」と言われたシニア女性は喜ぶというよりは、

「二〇年前から、こんなだったの私?」と消沈する。[*25] 言われてみれば、海外からスター俳優が来日した時、対談する日本人が「とてもそんなお歳にはみえません」などと、相手の年齢を否定すると「なぜそんなことを言うの?」と、怪訝そうな表情を示すことがある。

彼らに向かって、「年相応ではない」と評することは、礼節に欠けると受け取られかねない。不変を目標にしている人へ「変わらない」は褒め言葉であろうが、何歳になっても変わり続けたいと努力している人にとって「全然変わっていない」は残酷な言葉になるようだ。[*26]

もともとは年上の人に失礼があってはならない、という礼儀正しさから始まった年齢確認であろうが、現代では若いか若くないか、が人物を値踏みする基準になりつつある。

実際、席を譲るときも、六四歳なら譲らず、六五歳以上なら譲るわけではない。つまり年齢確認は、必要でない場合が多いのだが、ともあれ確かめたがる。

きみまろさんは「いくつ?」と聞かれて自分の年齢を言えるようになるのは「二つ三つから一八歳までと、八〇歳以降」と発言している。[*4] 八〇歳までは年齢不詳、八〇歳を皮切りに、今まで隠して来たはずの年齢をさりげないシーンで、告白し始める。聞かれてもいないのに「いや俺も、いい歳になってね」などと語り出す。[*27]

齢(よわい)の割に保存状態がいいことで、自分の中で隠しておきたい秘密から、チャームポイントへ変わるのだろうが、いずれにしても年齢執着症・確認癖であり、自分が自分に行う、一種のエイジズム(年齢差別)でもある。

どの人にも訪れる加齢は早晩、皆が一度ずつ経験するきわめて公平なものであり、疎まれるべきではない。[*28] もう若くないことに、脅迫観念を抱く必要もない。そもそも若さが過大評価されれば、年寄りの取り柄がなくなる。取り柄のない、役立たずが四分の一を占める国になってしまう。[*29]

それだけでなく、若者が気の毒なくらい、若くあれさえすればいいと、勘違いさせられている。二〇代の女性を、女子高校生が「おばさん」と呼び、五〇代の教授を、大学生が「おじいちゃん」と呼んで憚らない。「年を食っている」というだけで、相手がどんな人であれ全部まとめて、老いぼれと見なされている。

翻って、フランスではシニアが自身の老いをこよなく愛し、老いを有意義に生きている、という。なぜそんなことができるのだろうか。西洋の考え方が優れていて日本が劣っている、と言いたいのではなく、どちらにも長短があるはずだ。現にバースデー・ブルーになる人は世界中にいて、歳をとることへの憂鬱は、多かれ少なかれ世界共通の事項である。

だからこそフランスでは、シニアを取り巻く周囲が、人間としての尊厳を大切にし、人間愛を持って、シニアに礼儀正しく接する。このように市民社会が成熟していることで、シニアは自分の年齢に過剰反応する必要なく、穏やかに過ごせている。[*1]

年の取り甲斐をさげすむ文化は、今の代で、終わりにしたいものである。ユーモアを使えば、それができる。たとえば「失礼ですが何歳ですか？」と聞かれたことが誰にでもあるだろう。「失礼だと思うなら聞くな」「そんなの自分で考えろ」と思っても、なかなかそうは返せない。聞こえないふりをしても角が立つし、鯖を読むのもいい気がしない。だから面白くしてみる。

「年齢ですか、はい、それはＣＭ（コマーシャル）２のあとで」「Ｂカップ（バストのサイズ）です、数は二つです」。バストにカップがない人は「帽子のサイズは五八センチ、靴のサイズは二五センチです」[*30]など。

近い将来、外見的尺度で、実年齢を判断することができなくなり、年齢は「あってないもの」になるらしい。ｉｐｓ細胞をはじめとする各種の再生医療によって、足腰ピンピン、肌もスベスベになるというのだ。

あり得ないがあり得るに、塗り替えられようとするこの先、ミスマッチがベストマッチになる。だから「シニアと笑い」でご名答。

笑いを学ぶなんてことは、シニアにとって、まったく似合わない分野であり、これほど最高なミスマッチはない。すなわちこの組み合わせこそが、ベストマッチなのである。

# 3

## ユーモアは言葉の綾

### 笑いの言語的技法の数々

## まずは奇先法から

ユーモアは「言葉の綾」とも言える。本章からは、ユーモア・笑いを生み出すための言語的な技法の種類や領域について紹介していく。

ユーモア技法の代表格と言えば、奇先法である。そもそも私たちの思考の中には通常、どういう原因がどういう結果を導いたかという、原因と結果の因果律（プロット）が組み立てられている。[*1] その関係を意図的に崩すと、ズレた分が意表を突く面白みになる。

奇先法のパターンとしては、始めから話者が故意に、相手を誤った方向へ誘い、後で種明かしをする。相手には驚いた瞬間、緊張が走るが、即座にフェイントを掛けられたことを悟る。「なあんだ」と、あきれた拍子に可笑しさを感じる。[*2]

料理を紹介する番組で、コメンテーターが美味しそうに一口食べた後に「ちきしょー！　何だこれ？」と怒り出しても、思わせぶりを招いた展開が面白さとして受け止められる。[*3] また大きな箱に入った贈り物をもらい、包装を解いて開けた時、予想に反して掌に乗るほどの小さなプレゼント（例：リンゴの箱にイチゴが一粒）が入っていても面白い。[*4]

笑いは結局「…とは思わなかった」という状況で起きる。ただしこの「外れる」時に、相手の期待を上回るのではなく、下回るほうがいい。なぜかと言うと、意地悪な大臣が、魔法でカエルに変えられてしまえば、笑いを誘発できるが、醜いアヒルの子が成長して美しい白鳥になれば、感動になってしまう。[*4]「サゲ」であって、「アゲ」ではないところに、笑い発生のポイントがある。

## クラシック・ジョーク

故・立川談志師匠の『家元を笑わせろ』(DHC、一九九九年)は、芸人なら必ず読んでいるといわれるほどの、彼らにとってのバイブルである。すでに絶版になっている幻の一冊だが、奇先法と思われるクラシック・ジョークの数々が載っている。

「おーい、ちょっと! シチューの中からボタンが出てきたぞ」

「そこにありましたか。随分探したんですよ」

「シチュー」が「スープ」に変わって、中に入っていたのが「ボタン」ではなく「ハエ」で、オチが「ご心配なく。ハエの分は料金を追加しませんから」になるなど、派生版もある。[*5]

「一〇日前に食べたステーキと今日のステーキ、味が違うよ。今日のは不味いぞ」

「おかしいなあ。一〇日前と同じ肉ですけどね」

こちらも「肉」が「魚」になったり「一〇日」が「一週間」に変わることがある。そろそろ要領がわかってきたところで、私たちにも作れそうである。

「報道関係の仕事がしてみたいんだよね」「新聞配達ですか」

「ゴールデンウイークはどこか行きました?」「トイレに行きました[*6]」。

## シニアジョーク・メディカルジョークほか

改めてジョークとは、独創的というよりむしろワールドワイドに、人から人へと繰り返して語られる冗談や洒落の類を指す。[*7] 世代を超えて、語り継がれるうちに多少の変化を遂げながら、広がっている。読者の皆様にとっても、聞いたことがあると思えるような、いわゆる定番ジョークを、振り返っておこう。

まずシニアが登場するジョーク。…夫婦ともに六〇歳になったとき、神さまによって願い事が一つずつ許された。妻が世界一周旅行を望むとチケットが現れた。夫が「自分より三〇歳年下の妻がほしい」と言うと夫は九〇歳になった。[*8]「神」の代わりに「妖精」や「夢地蔵」が現れたり、妻の望みが「新婚旅行と同じ場所」になることもある（注：夫が望むものは、一貫して「若い妻」である）。

メディカル・ジョークと呼ばれる、病院の医師・看護師・患者・病気・治療にまつわる種類もある。…ある男が手術直前で、恐怖に震えていた。男「看護師が言ってたよ。簡単な手術だから心配しないで、落ち着いてください、きっと上手くいくから、って」。男の妻「きっとあなたを安心させようとしたんでしょ。何をそんなに怖がっているの？」。夫「看護師は執刀医に向かってそう言っていたんだ」。[*9]

ルーツは同じと思えるもので、患者「先生、私とても心細くて心配なんです。今回が初めての手術なものですから」。医師「お気持ちはよくわかります。私にとっても初めての手術なので」もある。[*10]

死を扱ったジョークも少なくない。…医師「良い知らせと悪い知らせがあります。良い知らせとは、あなたがせいぜいあと二四時間の命だということです」。患者「それが良い知らせなら悪い知らせとは何ですか?」。医師「それを昨日、伝えられなかったことです[*11]」。

余命宣告が「一日」ではなく「三ヶ月」のバージョンもある。医師「お気の毒ですが、あなたの余命は三ヶ月です。今の内に会っておきたい人はいますか?」。患者「一人います。別の医者です[*9]」。

ほかにも、人種や国民性に関わるものとしてエスニック・ジョーク、災害や危殆的状況を扱うディザスター・ジョークがある。これらは使い方次第で、TPOを間違うと、誰かを不快にさせる、ダーティ・ジョークになってしまう。だからと言って、排除してしまえば、ジョークを語り尽くすことはできない。「使用上の注意」を心がけて用いたい[*12]。

## 似て非なるウイットとエスプリ

「ユーモア発祥の国」と呼ばれ、現代でも人々が「ユーモアをたしなみとする国」といえば、イギリスであろう[*13]。この国でユーモアは紳士淑女が身につけているべき、ミニマム・スタンダードと考えられている。よって「ユーモアがない」と評されることは、身だしなみがなってないと、烙印を押されたも同然の仕打ちになる。[*14]

なかでもウイットは、大切な要素の一つである。ウイットとは叡智・機知の意味を持ち、優雅で理知的なある考えが、別の考えと意外な脈絡によってリンクすると閃き、しかもその閃きを、ここぞという瞬間に活用する機転を指す。[*15] いわば、当意即妙に軽妙洒脱な受け答えができることであり、高く評価されるにふさわしい。

対して、フランスは「笑いの芸術大国」として名高い。[*16] イギリス人の笑いが、何かしらほっとしたものを残してくれるのに対して、フランス人の笑いは鋭敏に切り込むエスプリ (esprit) と言われる。エスプリとは精神・知性の意味で、才気煥発さが求められる。発信する側が、一段高いところから笑いを狙うなど、冷笑の色彩を帯びることもある。[*17]

時としてほのかに意地悪な気配を漂わせるのが、いわゆるフランス風らしい。[*18] エスプリとウイットは似て非なるものであり、それぞれに特徴があるようだ。

## 誇張法

誇張法も、笑いを生み出す技法のひとつである。主に過大誇張と過小誇張の二種類があり、事実に対する認識を拡大・縮小して、平素のサイズにはない面白さを引き出す。

「うなぎのふんどし」は長いものをより長く表現しているので、過大誇張法に当たる。破裂するはずのない「心臓が破裂するかと思った」も大袈裟なので、過大誇張である。

マーク・トウェインの自伝で、幼少期、兄に石を投げられて頭にできたこぶについて「大きいこぶだったので、帽子を二つかぶらなければならなかった」とある。[*19] こちらも過大化することで「大風呂敷を広げる」に通じる滑稽さがある。

一方、小さくするのも誇張である。「猫の額ほどの土地」や「蚊の鳴くような声」。そして「ノミの小便」「ダニの汗」（こんなのあった？　ちょっと怪しい）などが、過小誇張に当たる。一億円の貯金があっても「すずめの涙」などと、ないふりをするのも一種の過小誇張法と言えるだろう。

## 比喩法・類推法

関係性を伝えるために、類似性を利用して仄めかす表現を比喩（メタファー）という。「お上手！」と手を打ちたくなるほど、絶妙な喩えができた時、説得力をともなうユーモアになる。とくに（新しい）複雑な事柄を説明するために、（すでに知っている）シンプルな物事を、引き合いに出す方法は類推法（アナロジー）と呼ばれる。[*20]
たとえば健康体操の先生が、教室で生徒さんに「冷たい便座にゆっくり座るように、少しずつしゃがんでください」と比喩法・類推法を用いて声をかけた。[*21] そのお蔭で、生徒さんにとって「少しずつしゃがむ」という動作が、わかりやすく伝わり、しかも冷えてる便座を想像しながら、楽しく取り組める。
人の顔を表現する際の、ソース顔や醤油顔、もっとすっきりしているならゴマ塩顔。ゴツゴツしているのかじゃがいも顔、毛深いのか里芋顔。ワシ鼻・ニンニク鼻があったと思えば、鼻が胡坐をかいている、眼が座っているなど、これらの言い回しも比喩法に入る。
あるいは、人前で話をするとき、人だと思うから緊張する。「パンダだと思え」「パンケーキだと思え」も、比喩的表現である。
パンダの人気に押されてか、猿も木から愚痴る。馬の耳にネックレス、犬も歩けば疲れる、逃した魚は泳いでる。[*22] これらの諺のアレンジは、人ではないものを人に喩えており、擬人法と呼ばれる。オリジナルの猿も木から落ちる・馬の耳に念仏・犬も歩けば棒に当たる・逃した魚は大きいより、面白い気がするのはパロディ（65頁）のなせる仕業であろう。
人間の目線を、人間以外のものに置き換えても面白い。たとえば家にある椅子が、「私に遠慮なく、屁こくな」と愚痴る。「痛ってぇ、また人間の足（小指）がぶつかってきたよ」と、タンスの角が痛みに堪えているとしたら、可笑しい。[*23]
ゴキブリ中心の視線にしてみることもできる。人間の前に、登場すれば、黄色い悲鳴（歓声ではない）を浴びてしまうが、ゴキブリ界では、ボディービル大会で優勝できるくらいのエース。脂ぎった身体が一層ピカピカになるように日々、磨きをかけているゴキ様がいるかもしれない。[*16]
ゴキブリではなく、もっと別の喩えを用いたほうが良かっただろうか。昔から「喩えるのが上手い人の話は面白い」と言われてきた。反対に、喩えるのが下手で、話がつまらない人になってしまわないよう用心したい。

## 風刺

比喩（擬人）法が用いられた、世界的に貴重な遺物として、大英博物館に保存されている古代エジプトのパピルス（長い巻き物）がある。それには、人間の職業に従事する動物（例：鴨の一隊を引率する猫）、人間のように遊びに興じる動物（例：ボードゲームをする一角獣とライオン）などが、描かれている。[*24] これらの描写は、支配・非支配の関係を下剋上しているかに見え、だとすると風刺画ともいえる。

風刺（サチール）は、「刺す」の文字通り、鋭い切れが持ち味である。世相を案ずればこその批判精神に富む、正義や道徳観の表れであり、社会に無くてはならない笑いである。アートで描写されることも多い。

日本における風刺画の嚆矢といえば、鳥獣人物戯画（一二―一三世紀、国宝指定）である。芸術性・構造性においてもきわめて秀英な絵巻（全四巻）からなる。

戯画の中に、比較的多く登場する兎と蛙であるが、兎はお調子者でおっちょこちょい、蛙は真面目な熱血漢として描かれ、蛙と相撲をとって、投げ飛ばされる兎の様子などが、微笑ましく擬人化されている。そのほかにも馬や犬、鶏など身近な動物、そして麒麟や竜、獏などの幻獣も登場する。

栄華物語（平安時代の歴史物語）によれば、この時代の貴族は、政治より遊楽に溺れ、迷信におののいていた。恐れから逃れる策として高僧に命じて修法供養を行わせていたという。絵巻の中で、高僧を装った猿が袈裟を着て経を唱える有様が描かれているのは、このような修法に対する風刺であり、当時の貴族と僧侶の堕落を指摘する狙いがあったと下店静市氏は「鳥羽僧正」に記している。[*25]

誰が作者か、に関しては不詳とする鑑定家もいるが、当時このような絵を描けた人は、鳥羽僧正（一〇五三―一一四〇）であったと思われる。[*26] 大切に所蔵されていたのも、天皇の親戚筋から僧侶になった立場の鳥羽が中心となって書いたから。匿名画家が書いた、という説は、夢が膨らむが、現実味にかける気がする。

長い歳月を経て、「職業漫画家第一号」と称される、北澤楽天（一八七六―一九五五）が世に輩出された。彼が、活躍の場を得たのは、政治や国際外交に物申す立場を示した「時事新報」（一八八二年発刊）で、風刺漫画を描いた。[*27]

現代になり、漫画チックな筆致で描かれた風刺（漫）画は、カリカチュア（caricature）とも呼ばれる。語源はイタリア語で、誇張された・ゆがめられたの意である。とくに人物の特徴を描いたものは、似顔絵（ポートレイト：portrait）と呼ばれる。似顔絵に至って、風刺の意味合いは薄く、愛嬌やかわいげのある作品が多い。

## 撞着語法

「ゆっくり急げ（おもむろに急げ）」は、古代ローマの初代皇帝アウグストウスの座右の銘として知られる。[*28] このように両立し得ない内容を、偶さかに隣り合わせに配置することで、刺激的に物を言おうとする表現は、撞着語法と呼ばれる。[*2] 日本では「急がばまわれ」があり、急ぐならば直線が最短距離なのだが、あえて大まわりせよ、と矛盾させている。

「つもりちがい十ヶ条」も撞着そのものであり、次に記す。作者に関しては、誰かが福沢諭吉氏の名前を借りた説（つまり不明）が有力である。

高いつもりで　低いのが教養　　低いつもりで　高いのが気位
深いつもりで　浅いのが知識　　浅いつもりで　深いのが欲望
厚いつもりで　薄いのが人情　　薄いつもりで　厚いのが面皮
強いつもりで　弱いのが根情　　弱いつもりで　強いのが自我
多いつもりで　少ないのが分別　少ないつもりで多いのが無駄

日常においては、食べ放題に出かけて、ダイエットの話をする。半ライスを「大盛りでお願いします」と注文するなど[*29]、わかりやすい食い違いに私たちは面白さを感知する。その効果を狙ってか、バック・トゥー・ザ・フューチャー、サウンド・オブ・サイレンスなど、映画のタイトルにも起用されている。

登山家の三浦雄一郎さんは、七五歳で二度目のエベレスト登頂を成し遂げた心境を「涙が出るほど辛くて、厳しくて、うれしい」と語った[*30]。谷川俊太郎さんの「やわらかいいのち：思春期心身症と呼ばれる少年少女たちに」には「拒みながら待っている　謝りながら責めている　途方にくれながら主張している」の一節がある。

撞着表現は、面白さのほかに、ハッとさせる訴えの表現にもなる。誰しもが自分の中に、相反している部分があって、共鳴するからであろう。

## 皮肉

相手の無様やいかさまをからかうと皮肉になる。皮肉（アイロニー：irony）の中でもサーカズム（sarcasm）になると、いやみの意味も含まれ、相手に対する攻撃性を含む。海外で、このような毒気を含むユーモアは、なくてはならない、笑いの本髄と考えられている。しかし容姿の優れていない人を「クレオパトラに似てる」と皮肉ったりするのを日本人が聞くと「ウケる」というより「引いて」しまう。

今までは、皮肉が得意ではない、と思ってきた日本人だが、これからは得意分野になっていくのかもしれない。なぜなら現代シニアの人生は、皮肉に満ちている！

「生きていても仕方がない」「死んだほうがまし」と言いながら、せっせとサプリメントを飲んで長命を目指す。その努力が報われてか、老躯をひっさげた晩年が長くなり、歯が残り少なくなった頃、歯を食いしばらなければならない難問に突き当たる。片手で杖を持つ頃に、両手では持ちきれないほどの課題に直面する。[*31]

このようなシニアの現状は、撞着であるところの皮肉である。人生を通じて私たちは、両立できない狭間で、皮肉を演じ続けている。「死ぬ気で」「死に物狂いで」という言葉があるが、死という必然に、命からがら挑むがその甲斐空しく「必敗」して「必死」する。[*32] 死で生が完成する（命を懸けて死ぬ）という宿命もまた、無情を携える皮肉と言える。[*33]

このような人生に定められた不条理との葛藤を、笑わずにやり過ごせるほど、人間は強靱ではない。だから皮肉は、むしろ皮肉こそは、人間の通弊であり、人生からなくなることのないユーモアなのであろう。

## ルネッサンスの笑い

ルネッサンスが「笑い文化至高の時代」と称されているのもまた、歴史的な皮肉と言わざるをえない。一四世紀のヨーロッパでは、ペスト（黒死病）が大流行し、全人口のおよそ三割が命を落とした。人々は、大切な人を失う哀しみと、自分にも訪れるかもしれない死の恐怖に晒されていた。信奉してきた神様や王様は、人の命を救えない。泣いても怒っても、無力を解決できない。統治（政治や宗教）に対する不満もろとも「笑いのめさなければ！」の精神が発芽した。そして文学者のウィリアム・シェイクスピア（英、一五六四―一六一六）や画家のアルチンボルド（伊、一五二七―一五九三）など、天才的な作家や画家たちにより、ユーモアという仮面で扮装した作品が数多く錬磨され、芸術が祭典として勃興した。彼らは芸術家でありながら、殊勝なレジスタンス運動家でもあったのだ。

この時期笑いは、苦悩から逃れるために渇望されていた。世の中が平和でなく、人間が幸せではなかったから、笑いは燃え上がる苦しさの「火消し」として、救済する力となったのである。「もう一度、笑える日」を目標に、人々は再生・復活（ルネッサンスの意味）を遂げた。結果として、素晴らしい芸術が創出されたことは言うまでもなく、「何だこりゃ？　面白いじゃないか！」というユーモアの要素は、世界でルネッサンスが今もなお、語り継がれる理由のひとつになっている。なぜならユーモアは、人に伝えたいという気持ちを喚起しやすい。誰でも面白いことのタネを撒きたい。周囲に、面白さのお裾分けがしたい。そして喜んでもらえた喜びで、自分もまた笑う。

面白いことには蓋ができず、疫病以上の強い伝染力でじわりじわり拡散する。しかしウイルスのように消滅はせず、ルネッサンスの芸術たちは二一世紀へと生き残ったのである。

## パロディ

生物学や遺伝学の立場から考えると、人類の進化は、パロディに次ぐパロディの連続によってもたらされた。[*34] 言い換えるならば、私たちは過去のパロディの産物として今日、在る。人間以外でも、カレーライスがカレーパンに、おはぎがアンパンになって、文化が豊かになってきたのも、パロディ精神の賜(たまもの)である。

改めてパロディとは、広く知られた原典に依拠し、その原型を模倣しつつも捻りを効かせて改作を施す技法である。日本におけるパロディの足跡は、万葉集の本歌取りに辿ることができる。本歌取りとは、オリジナルの和歌の一部に、アレンジを加えて表現の重層化をはかるもので、正しくパロディに匹敵する。[*34] 新古今和歌集が編纂されたひと頃には、流行ともなっていたようだ。狂歌（鎌倉から江戸時代頃まで）や落首（鎌倉から明治維新頃まで）と呼ばれる、ざれ歌作りも、日本が誇るパロディといえる。また俳句に対する川柳・俳諧、漢詩に対する狂詩も、それぞれパロディと呼んで差し支えないだろう。[*35]

「ぜいたくは敵だ」は、日中戦争中に国民精神総動員中央連盟が掲げたスローガンであった。それを「ぜいたくは素敵だ」に変えたのは「暮らしの手帖」の初代編集長を務めた花森安治氏と言われている。[*36] たった一文字で、全体の意味をひっくり返した利発によって、当時の人々の溜飲が下がり、笑顔が増えたに違いない。風刺パロディの逸話となっている。

## 実践タイム——詩のパロディ

最小の付加で、最大の効果を狙えるのがパロディの強味と言える。[*37] 私たちにとって、実に身近なユーモアであり、笑いを学ぶ際、初心者にお勧めできる。

そこで一九二三年にノーベル文学賞を受賞した詩人・劇作家のウィリアム・バトラー・イエーツ（一八六五—一九三九）の「心願の国」（一八九四年初演の詩劇、The land of heart's Desire）を用いて、練習してみたい。この詩には、百年以上前の発想であるせいか、老人に対して「どうか○○してくれるな」と、制御に受け取れる語調がある。そこで「誰も…ない」という否定形フレーズを、「誰もが…である（できる）」と肯定形に変えることで、エイジフリーを目指すパロディをつくってみよう。

「心願の国」から一部抜粋

そこでは誰も　歳をとって　信心深くいかめしくならず

"Where nobody gets old and godly and grave,

そこでは誰も　歳をとって　ずる賢く物知り顔にならず

Where nobody gets old and crafty and wise,
そこでは誰も　歳をとって　恨みつらみを口にしない
Where nobody gets old and bitter of tongue.[*38]"

パロディ作品の例
そこでは誰もが　歳をとっていようといまいが　それが何か?
そこでは誰もが　歳をとってもとっても　自分らしく
そこでは誰もが　病気を肥やしとして、歳をとることを嗜み
そこでは誰もが　歳をとればとるほど　面白い

「ずる賢い」や「恨みつらみをいう」ではなく「面白い」という形容詞が、シニアの修飾詞になる「心願の国」になっていきたい。どうせなら、人生の経験を、肥やしとして嗜んでいるうちに「面白くなっちゃいました!」のほうがいい。

## 描かれたパロディ

パロディはアートにおいても盛んである。早速、思い浮かぶのは、世界一有名な絵画、ダ・

ヴィンチのモナ・リザの複製画に口ひげを描いたポストカードであり、描いたのはマルセル・デュシャン（Marcel Duchamp）である。

丸みを帯びた「ポッチャリ」のモナ・リザもいて、こちらの作者はフェルナンド・ボテロ（Fernando Botero）である。[*39] モナ・リザはダ・ヴィンチへのオマージュとして、これからもパロディを免れないことで、そうされるたびに、息を吹き込まれ続けるのであろう。

一方で「ネーデルランドの諺」（一五五九年、ベルリン美術館所蔵、ピーテル・ブリューゲル、蘭・一五二七頃―一五六九、父）には、一〇〇以上の俗諺（寓話）が描かれている。ブリューゲルは、人々の間に流布していた口承言語を、一枚の絵画の中に、あたかも一〇〇の図柄として集めて描き、静止させた。その発想の根底にはパロディ精神があったと言えるだろう。

## 諺のパロディ

目には老眼鏡、歯には入れ歯。こちらはハンムラビ法典（古代バビロニア）にある成句「目には目を、歯には歯を」のパロディである。[*40] 「老人は死なず、ただ増えるのみ」は、マッカーサー元帥の言葉「老兵は死なず、ただ消え去るのみだ」が出所である。ほかにも「老婆は一日にしてならず」「残りものには訳がある」「便りがないのは死んだ知らせ」など、例示には事欠かない（注：オリジナルは、ローマは一日にして成らず。残り物には福がある。便りがないのは良い便り）。

気がつかないうちに、パロディをオリジナルと思いこんでいる場合もある。一例として「地震・雷・火事・おやじ」は、もともとは「おやじ」ではなく「おおやまじ(台風)」だったと言う[*36]。「人の不倫見てわが不倫直せ」も、本来は「人の振り見て我が振り直せ」であったのだ。

インパルス・板倉俊之さんの『ことわざドリル』(リトル・モア、二〇一〇年)は、諺を上の句と下の句に分けて、下の句をかなり自由にパロディ化した作品集となっている。たとえば、親しき仲にも…下の名前が出てこない奴がいる。若いときの苦労は…ここでは言えない。身からでた…胆石、おれももうそんな歳か、など。

四字熟語・書名・曲名、何でもパロディは作れる。清心整胃(せいしんせいい、清い心が胃の調子を整える)や予防摂酒(よぼうせっしゅ、予防のために酒を飲む)。待てよ、もとよりこれは四字熟語なのか、と疑問を抱いているうちにも、次から次へとパロディは浮かんでくる。

飲みにくいアヒルの子(醜いアヒルの子[*29])。飲み過ぎた結果なのか、ヘンゼルとカテーテル(ヘンゼルとグレーテル)。吸い過ぎにも注意。「わが肺は二個である」(「吾輩は猫である)。塩分にはさらなる注意を! 塩コショウ(「智恵子抄[*41]」)。

糖分にも気を遣いながら、歌って気分転換するなら「糖尿だよおっかさん」(東京だよおっかさん)。そうか、おっかさんにもなるわけだ「いい年のエリー」(いとしのエリー)など、思いつくことがそのまま創作活動になる。

## スカトロジー・中指の笑い

東京MXの「五時に夢中」という番組に「ことわざアップデート」というコーナーがかつてあった。金句を禁句にアップデートする、その際下ネタも辞さないのが特色となっていた。「雨降って地固まる」↓「できちゃって籍固まる」ならまだしも「寝耳に水」↓「コンドームに穴」。「賽は投げられた」は「便は顔出した」、「出る釘は打たれる」は「出る便は拭かれる」などが実例である。[*42] 便とは、どうやらビック・ベンの略らしい。

要するにスカトロジー(糞便学)なのであるが、これらの性悪な下ネタでゲラゲラ笑っているほうが、陰に隠れた悪口で、誰かを腐してせせら笑っているより、よほど健全な気もする。

もちろん他者に不快を感じせしめている、とすれば良性ではない。度が過ぎたロー・ブロー(ボクシング用語:ベルトより下半身を狙う)禁止は、厳守されなければならない。セクハラという概念に、まだそれほど敏感でなかった昔なら、(ど)助兵衛で済まされたのであろうが現代になり、とくにシニアによる下ネタの提供は、まだ枯れていない「お盛ん」を誇示する虚勢と受け取られやすい。かえって自分で自分を、老醜の的(まと)へと追い込んで、射ることになる。

しかし周囲が、性とシニアを縁遠い組み合わせと決めつけ、セクシュアリティをシニアが語るべきではないと蔑視しているとしたら、どちらがハラスメントの加害者(と被害者)なのか、はなはだ疑問であるが。

## 詭弁・本末転倒の笑い

下ネタの話題から、そろそろ足を洗わなければならない気配を感じながら、もう少しだけ続けさせていただく。というのも詭弁（sophism）と呼ばれる修辞がある。一瞬、弁論のように聞こえなくもないが、道理に合っていない迷言である。

たとえば、たけしさんが発した「道を歩いていたらウンコみたいのを見つけた。よく見てもウンコに見える。においを嗅いだらやっぱりウンコ。触ってみたらウンコで舐めてみてもウンコ。良かった踏まなくて」[*43]。極まったナンセンスで、そんなバカな、と吹き出したくなる。

同系列として、屋台のタコ焼きを食べたところ、タコの入っていないものがあったので、苦情を述べたら「なんなら聞くけど、キリンビールにキリンが入っているか。カッパエビセンにカッパは入っていないだろ」。と逆ギレされたやり取りがある[*44]。それを言うなら、鉄板焼きに鉄板が入っていないし、ドッグフードにもドッグは入っていない、もある。くだらなすぎて笑うしかない屁理屈である[*19]。

もうひとつ、めちゃくちゃだと感じる表現がある。見事に、一八〇度ひっくり返っている、本末転倒のユーモアである。ハインリッヒ・ハイネ（独・作家、一七九七―一八五六）は『あべこべの世（Verkehrte Welt）』に「じっさい世の中あべこべでわれらは頭で歩きおる！　いまや仔牛がコックをあぶり、人の背中に駱駝が乗る」と綴っている[*45]。

現代の「私たちの世」に、当てはまる「あべこべ」もある。その一例は、遺産を残して死ぬ親が、ないがしろにされるようになったことであろう。今よりずっと貧しかった頃、苦労しても報われず、長生きもできずに死んだ先祖は、美化されやすく、借金を残して死ぬ親が、泣いてすがって惜しまれた。お金はあってもなくても、早く死んだことに美徳があったのかもしれない。

しかし「虎は死して皮を残し、親は死して金を残す」と揶揄されるほど豊かになり、親は子や孫からカモにされる、金づるになった。たとえば大学生は、親から「バイクほしいならおばあちゃんに買ってもらってね」と入れ知恵されて、祖父母にどう媚びれば願いが叶うか、作戦を錬っている。

ちなみにシニアが、自分は我慢して、子や孫のために持っているお金を使う現象は、ニッポン名物らしい。欧米では、老親が子孫の借金の肩代わりをすることがないせいか、親族を名乗る悪党にも騙されない。[*46] 日本の現状自体が、あべこべジョークなのである。

本末転倒のナンセンスは続く。認知症予防のためには愛情が大切だと聞き及び、ボケないためにスキンシップする、異性とお付き合いをして再婚する。キャベツ目当てにとんかつ屋へ行く、のとは次元が違う逆さま現象である。

長生きするためには、ストレスを溜めない、そのために細かいことは気にしない、と述べて憚らない人もいる。長生きは、人生の結果に思えるのだが、人生の目的になる倒錯が、世の中を罷り通っている。

こうなったらいっそ徹底して、逆を張ってみよう。健康によいから面白くなくても笑う、笑顔もつくるだけで若返りに効果があるから作るなど、本末転倒を利用することで、世間から感じの悪い、無愛想な人を減らせそうである。

# 4

## 笑いは続くよどこまでも

### 学び尽くせないユーモアのいろいろ

## パングラム・アナグラム

言葉遊びについて、掘り下げて学んでいこうとすると、言葉遊び辞典の類だけでも、何年もかかりそうなほどたくさんある。よって、触りの部分を、現代の特徴に触れながら歴史にも言及し、かつ日本のみならず海外の状況も織り交ぜて紹介していくことにする。

言葉遊びの「いの一番」としては、パングラム（pangram）と呼ばれる洒落言葉がある。アルファベット二六文字すべてを（できるだけ）一度ずつ使って、意味のあるフレーズを作り出すのがルールである。

「O」が四回使われているが、A quick brown fox jumps over the lazy dog.（すばしっこい茶色の狐がのろまな犬を飛び越える）は良く知られた伝承ものである。[*1] 日本では無同字歌と呼ばれ、最も有名なのは、すべての仮名を一度ずつ使った「いろは歌」である。

アナグラム（anagram）と呼ばれる趣向もある。こちらは、まず言葉の綴りを分解してシャッフルした後、別の言葉に並べ直す「綴り変え」で、同じ文字で二通りの言葉を作ることからダブレット（二重語：doublet）とも言われる。有名なのはeleven plus two → twelve plus oneで、数字で考えても整合する（11＋2＝12＋1[*2]）。

日本語ではタナカカクエイ↓ナイカクカエタ、アナと雪の女王↓同じ京都の鮎、などが該当する。[*1] イタリアをリタイア、ヒマラヤをヒラヤマと、言い間違ったり見間違ったりするのは、自分で勝手にアナグラムを作っているせいである。

## アクロスティック

ルイス・キャロル（英・作家、一八三二―一八九八）作の「鏡の国のアリス」には、次に記す巻末詩「あかるい夏の空の下」がある。各行の頭文字に、モデルであったとされる少女アリス・リデル（Alice Liddell）の名前が、読み込まれている。

このように特定の場所に配置された文字を綴ると、意味のある別の語句になる技法はアクロスティックと呼ばれる。頭尾どちらか綴り込んである場合はシングル・アクロスティック、頭尾のどちらにも仕掛けられているならばダブル・アクロスティックになる。

A boat beneath a sunny sky,
Lingering onward dreamily
In an evening of July --
Children three that nestle near,
Eager eye and willing ear,
Lovingly shall nestle near.

In a Wonderland they lie,
Dreaming as the days go by,
Dreaming as the summers die:
Ever drifting down the stream --
Lingering in the golden dream --
Life, what is it but a dream?

この詩の邦訳へ挑戦した翻訳者の中で、石波杏さんは次のように、ダブル・アクロスティックに訳している。[*3]

あかるい夏の空の下、夢見るようにボートは進む。とびき
り笑顔の子供たち、お話聞いて大はしゃぎ。やがて太陽や
すむ時、秋は寒さを連れて来る。思い出達も、そろりそろ
りと消えていく。それでも消えぬアリスの姿、彼女はまる
で幽霊か。私の耳に、今もみんなのはしゃぐ声。しのびよ
る冬の前にも夢を見る。流されて、いつか着くべき終わり
へと、黄金の夕暮れ進みゆく、まさに人生とは夢の別名

日本でアクロスティックは沓冠（くつかんむり）に当たる。「冠」は各句の始めの文字、「沓」（靴）は末尾の文字を指す。

栄花物語の「月の宴」（一〇二四―一〇二八年頃）にある「逢ふ坂も　果（は）ては行き来の　関も出ず　訪（たず）ねて来ば来（こ）　来（き）なば帰えさじ」は「今では何の障がいもなくなったので、どうか尋ねて来てほしい」という意味の歌である。隠されているメッセージは「合わせ薫（た）き物少し」（香料を練り合わせて作ったお香を少し望んでいる）となる。[*4]

古今和歌集（九一二年頃）にも隠されたメッセージ（隠し題）がある。「いささめに　時待つ間にぞ　日は経ぬる　心ばせをば　人に見えつつ」（巻一〇）の一首は、現代風にすると「この長い間、かりそめにその時を待っている間に日が経ってしまった。私の気持ちを、あの人にたびたび見えるようにしていながらも」になる。

この歌の、下線が引かれた部分には、歌の意味とは関わりのない言葉を偲ばせる「物の名」と称される技法が用いられている。入れ込まれているのは、四つの植物の名「笹・松・枇杷（ひわ、びわ）・芭蕉葉（ばせをは、ばしょうば）」である。[*4] 現代では「カメラ下さい」（亀・らくだ・サイ）、「酒さめたら来い」（鮭・鮫・鱈・鯉）などがある。[*5]

## 頭字語・業界用語

ビジネスにおける「ほうれんそう」(報告・連絡・相談)や、料理の「さしすせそ」(砂糖・塩・酢・醤油・味噌)、英語でDIY(Do it yourself)などは、頭字語(アクロニム)と呼ばれる。

タレントのDAIGOさんはDAI語とも呼ばれるアクロニムの名手で、お付き合いをしていた女優の北川景子さんへ「KSK」(結婚してください)とプロポーズ。もらえた返事が「SYO」(末永くよろしくお願いします)だったと述懐している。

私たちもBBQ(バーベキュー)をヒントにして、BBAやJJI(ばばあ・じじい)、合わせてJJ&BB(じじ&ばば)など、作れそうな気がするがNG(not good)だろうか。

言語学的には倒語・錯字、世間一般では業界用語と呼ばれる種類もある。「ぐんばつ(抜群)のいきふん(雰囲気)」など、全体もしくは部分を逆順にすることで、業界人ぶった感じを出せる、一種の符牒でもある。ちなみに「タモリ一義」は、本名の「森田義一」を倒語にした業界ネームである。

よく知られたフレーズとしては、ぎろっぽんでぶしゃぶしゃ(六本木でしゃぶしゃぶ)、ノガミのしーす(上野の寿司)、ザギンでぱらよって(銀座で酔っ払って)、しーたくでのなか(タクシーで中野)まで帰る。とくれば「とうしろ」(素人)には、真似できそうにない暮らしぶりである。

## 押韻

語調をそろえることは押韻と呼ばれる。「咲くからに見るからに花の散るからに」「みかんきんかん酒のかん　親のせっかん子は聞かん」などは、語尾が整えてある脚韻（ライム）の例である。対して、語頭がそろっている場合は頭韻（アリタレーション）であり、「寺より寺に遊ぶ寺の日」という具合である。この語勢は、アフリカ系アメリカ人発祥の音楽ジャンルであるラップ調にも共通する。

日本も負けてないな、と思えるのが、古くからある「尽くしもの（物尽くし）」である。今井黍丸作の「新板ふくづくし初編」を覗いてみると…

むすめは、おたふく。なつは、あせふく。
山ぶしは、ほら（法螺）ふく。大神宮は、かやでふく。
ひだるいのは、くうふく。こもそうは、尺八ふく。
きづもとめるは、毛をふく。茶がまは、ぶんぶく。[*6]
（イエーイ！カモーン！♪～♫～♬！　ヒア・ウイ・ゴー！）

## 掛け言葉・駄洒落

掛け言葉（ダブル・ミーニング）は、平安時代から用いられている語呂合わせであり、言語遊戯の先蹤と思われる。

百人一首（第六〇首）に収録されている「大江山　いく野の道の遠ければ　まだふみも見ず天の橋立」（小式部内侍、一〇〇〇?―一〇二五）には「いく野」（地名／野を行く）、「ふみもみず」（手紙も見ず／踏み入ったことがない）とある。[*7] 一つの言葉に二つの意味を掛けて使われている。

江戸時代になる頃には地口（じぐち）と呼ばれて親しまれた。祭りや縁日では「とんで火に入る夏の武士」「煮たものふうふう」などと書かれた地口行燈（あんどん）がずらっと飾られていたようだ。（オリジナル：「飛んで火に入る夏の虫」「似たもの夫婦[*8]」）掛け言葉とも言えるが、駄洒落である気がしないでもない。

現代になり、日曜・夕方の長寿番組「笑点」（日本テレビ）では、「ちりも積もれば山田となる」、「ちりも積もればじゃまになる」、「ちり・もつ・レバー・山に盛る」などが登場する。「ちりも積もれば山となる」のパロディとも思えるが、座布団運びの山田さんにまつわる駄洒落にも聞こえる。

洒落言葉は、頭に「お」が付くとお洒落な感じになる。しかし「駄」が付くと、駄菓子には申し訳ないが、低級・くだらないの意が含まれる。駄洒落の通り名は「親父ギャグ」であり、調子に乗りすぎると野暮なユーモアになって、周囲から倦厭される。

巷で、ありがちな状況は、聞く側に「どうだ？　面白いだろ？」の圧をかけたり、笑えないでいると、聞こえなかったのだろうと勘違いして連射する。一度聞いて笑えなかった（笑えなかったので、聞こえなかったフリをした）駄洒落を、二度三度聞いたからといって、笑えるものではない。つまらなさにしつこさが加わると、受け取る側にとっては、どこまで我慢できるかが「リトマス試験紙」の状態になる。あくまでも自己制御が肝要である[*9]。

## 数字遊び・覚え句

一〇ブレーキ（急ブレーキ）、八す（急須）など、ひとつずらすと、どことなく間抜けな感じが漂って、面白い。笑いは、数字においても「ズレ」で生じる。

数字は、四月一八日で「良い歯の日」、一一月二二日で「いい夫婦の日」など、月日に書き変えられることもある。「八八四〇三六」で林修先生、「五八八四三七五」で小林幸子さんなど、名前に転換されることもある。ならば将来、名前は文字ではなく、数字であるほうが、マイナンバーや電話番号と連結して、何かと便利そうな気がしてきた。

今は見かけることもないが、ポケベル（ポケット・ベル）が使われていた昔、数字をメッセージに書き変える便法が流行っていた。懐かしさをこめていくつか紹介しておくと、「七二四一〇六（何してる？）」「三一〇二一六（茶店にいる）」「三三四一四（さみしいよ）」「八八九〇一一〇（はやくおいで)」など。ラインのスタンプとは違う趣が、数字にある。

$\sqrt{2}=1.41421356$(ひとよ　ひとよに　ひとみごろ)や一一九二(いい国)作ろう鎌倉幕府などは、覚え句と呼ばれる。学習を捗らせる暗記術で、受験の時に、お世話になった記憶がある。

同じ戦術が、宣伝フレーズとしても頻用されている。「いいないいな」(一一七一一七、保険会社の電話番号)など、耳に馴染みやすくキャッチコピーの役割を果たしているようだ。

## 企業が取り入れるユーモア

数字のほかに、格言や四字熟語のパロディを広告スローガンとして用いる企業がある。例としてはＩＢＭ社の"I think, therefore IBM."(I think, therefore I am. 我思う、故に我あり)や、東急百貨店の「全力東急」(全力投球)など。

マイナビ就職ＥＸＰＯでは、Ｕターン就職を推奨するポスターのメッセージが「地元に帰るのではない。地元からはじめるのだ」であった。こちらは構文の面白さ(Not A, but B)を上手く活用している。

昔ながらの、バナナの叩き売りの台詞には「何しろたった一本のバナナに、なんとバナナ一本分の栄養がごっそり詰まっている」[*10]があるが、これはNot A, but Bと見せかけて、Aをもう一度強調している(Not A, but A)。文法的に矛盾しているところが、面白さになっている。

ならば「Yes or No?」と聞かれて、両方正解もしくは両方不正解にしても、面白くなりそうだ。本来であれば「イエス」か「ノー」のどちらかが正解になるという前提を破壊するからである。ということは「or」を選んでみてもいい。[*11]

企業の商標にも、ユーモアを見出すことができる。有名なのはフェデックス・コーポレーション（物流・運送業）のロゴマーク「FedEx」であろう。EとXの間に「⇨」の図柄が隠して描かれてあり、スピード感を醸し出している。隠し題（79頁）と同類の「隠しシリーズ」であり、図案的要素を取り込んで面白さをだす創作書体（飾り文字）でもある。

FedEx

## 葦手絵・文字絵

人や物を象徴化した絵として取り入れ、その形をなぞって作られた文字は象形文字と呼ばれる。日常、私たちが使っている文字の中にも、これらの派生が多い。一方で、象形文字の流れとはむしろ逆に、流動的な書体の文字をなぞりながら絵を描く「文字から作られた絵」がある。

その源流は、平安時代に描かれた葦手絵（あしでえ）であり、文字の線を使って、乱れ生えたような水辺の葦を始めとする景観を表現する。たとえば「ふ」や「く」の文字で飛んでいる「鳥」の絵、「な（奈）」や「ら（良）」の文字で「岩」の絵を描く。そのことで文字が風景の中に散りばめられているように見える。[*12]

ところで平安時代の、歌人で伊勢物語の主人公とされる在原業平といえば、周知の人物であろう。その彼と覚しき人物絵の「中」に、なんと文字で「在ハらのなり平」の文字が、書き込まれた作品がある。描いたのは、これまたなんと葛飾北斎で、作品名は「六歌仙・在原業平」(一八〇九—一三年頃、平木浮世絵財団藏)。葦手絵の流れを踏襲しつつ、文字と絵が一枚の中に溶け合っているものの、どことなく「へのへのもへじ」のような文字絵にも類するユーモア作品である。

北斎は天才画家であったが、面白さを追求するユーモリストでもあった。飾り文字にみえる「一筆画譜」(一八二三年)や、全一五冊の「北斎漫画」(絵の手本、一八一二年頃)など、笑いにリンクする作品をいくつも残している。現代であればきっと、笑い学を推奨してくれるに違いない。

## 絵交じり文・判じ絵

文画一体というよりは、文字と文字の「間」に絵が挿入されている作品がある。絵まじり文と呼ばれる。好例として一七九三年、現在の銀座一丁目に開業した山東京伝(浮世絵師)の「煙草入店(煙草入れの販売店)」の広告が挙げられる。江戸の町には愉快な看板がたくさんあったが、引札(チラシ)にも傑作があった。

店の宣伝のため、商品の包み紙としても利用したところ評判が評判を呼んだ。京伝自ら筆をとったこの作品欲しさに、わざわざ遠方から訪れた人もいて、客が店に押し寄せ、大いに繁盛したと言われている。

そこまで人気を博した絵交じり文とは、一体どのようなものだったのか、ちらっと覗いてみる。始めの三行は『当冬　新型紙煙草入品々　売出し申候』と挨拶文になっている。四行目の『乍憚（はばかりながら）』の次から、メッセージが暗号化された判じ絵が交じる。まず上の絵で〝錠前〟、下の絵で〝香炉〟が描かれているが、左側に返り点（レ点）が打ってあるため、下から上へ「香錠（こうじょう）」、すなわち「口上」と読む。

五行目は『先以〝手〟〝斧〟々様〝升〟が二つ〝碁盤〟で『まずもっておのおのさま ますます ご』。六行目は『〝鬼〟が〝剣〟を持っている 能』で『機嫌よく』…と続いていく。[*13]

（〝　〟は絵）

絵と字が混ざったなぞなぞになっているので、答えが知りたいならまた店に来てね、という誘導でもあった。京伝のずば抜けたアートとユーモアの才腕に、商魂が三位一体化した作品といえる。

## なぞなぞ

江戸時代には、このような判じ絵が流行したが、そのルーツは謎語（なぞなぞ）であった。謎語の始まりは、王の失政に対して従者が遠まわしに「問い」を用いて、気づいてもらおうとした弁論術だったという。何とも奥深い。

日本へは奈良時代に紹介されて「何ぞ何ぞ」（二段なぞ）、もしくは謎をたてる、と言われた。[*14]

とくに漢字の分解・組み合わせによるなぞなぞは字謎と呼ばれる。

一五一六年成立の『後奈良院御撰何曾（ごならいんごせんなぞ）』には、なぞなぞ好きで知られた後奈良天皇が選んだ一九二編が収められている。その中に「上を見れば下にあり、下を見れば上にあり。母の腹を通りて子の肩にあり」という投問がある。これは知る人ぞ知るなぞなぞであり、答えは「一」の字になる（注：「上」の字には下の部分に一が、「下」の字には上の部分に一がついている。母と子の字には、真ん中を通るように一があるから）。[*15]

国立国会図書館デジタルコレクションには、江戸の名所を推理してもらう、「江戸名所はんじもの」（一八五八年出版、歌川重宣）がある。傘の絵に「あ」と「か」の文字で「赤坂」、「あ」の人が「さ」という屁をぶっぱなしたので「浅草」などと、導き出せれば正解となる。

これらは、朝に「問い」、夕方に「答え」が配られることがあり、当時すでに「笑トレで脳トレ」（ユーモアを鍛えることで脳を鍛える）をしていた日常習慣に驚く。同時に、笑いが善用され、人々が笑いのエクササイズに励んでいたことに嬉しくなる。

## なぞかけ・無理問答

なぞかけ（三段なぞ）は「〇〇と掛けて〇〇と解く。その心は〇〇」が定形である。江戸時代に落語家が客を盛り上げるために、お題をもらって行っていたのが始まりで、殆どのなぞなぞは、一つの問いに対して答えが一つになるが、なぞかけは一つのお題から複数の答えを創作できる。[*16]あえて縛りを設けておいて、その中で自由な発想を広げる楽しさがある。

大阪心斎橋の塩屋喜兵衛店（出版社・書店）が手掛けたとされる「新板なぞづくし」瓦版は、現代読み直しても、ハイセンスな言葉遊びであったことが伝わってくる。少し紹介すると…

第一丁裏：冬のうぐひすとかけて、やぶれしやうじととく。心ははるをまつ（張る・春）

第八丁表：すきおふた中とかけて、上町の井戸ととく。心はほれて深うなる（惚れ・掘れ）[*6]

現代版としては、久米田康治さんによる漫画作品『かくしごと』は、設定として、父が漫画家であることを娘に隠している。すなわちモチーフが『漫画家と、娘の前の父。どちらも○○をしています。（答：描く仕事・隠し事）』と、なぞかけになっている。

なぞなぞ・なぞかけが出たところでもう一声、無理問答にも挑戦してみたい。無理問答とは、相手からの（もともと無理な）難題に対して、こじつけでよいから答えてみせる、というべきか、無理が通って道理が引っ込むやり取りというべきか。頓才を鍛える遊びであり、「○○（でも）○○とはこれいかに？　○○（でも）○○というがごとし」の形式を採る。

前述の塩屋さんが発行した瓦版「新版当世むりもんだふ」にも、やられた！　と思わず感心する作品が登場する。

天にほうきぼしとはイカニ、地にそらまめあるがごとし。

水をわかすにゆをわかすとはイカニ。コメをたきてめしをたくといふがごとし。[6]

現代版ならさしずめ、一枚でもせんべいとはこれいかに。一個でもまんじゅうというがごとし。晴れの日でも雷門とはこれいかに。臭くもないのに仁王門というがごとし。[2]

## 両義図形・上下絵

言語における掛け言葉は、アートの領域では両義図形と呼ばれる。二つの状況を一枚の絵の中に表現することで、故意に見間違いを招く。

両義図形の中でも、凝視しているうちに図と背景が反転して、別の図柄に見えてくる図地反転図形は、心理的診療において、利用されてきた経緯がある。米・心理学者・ジョゼフ・ジャストロー（一八六三—一九四四）の「うさぎとあひる」（一八九九年作）、デンマークの心理学者・エドガー・ルビン（一八八六—一九五一）の「ルビンの杯（壺）」（一九一五年頃作）は、ご存じの方も多いだろう。

上下を逆にしても鑑賞に耐えられる作品は、上下絵や逆さ絵と呼ばれる。典型的なのは、トランプに描かれた上下に顔のある絵柄である。上下を変えると、まったく異なる、二通りの絵に見える作品もある。アン・ジョナス（Ann Jonas）さんの『ラウンド・トリップ』（Round Trip, 1983）は、最後まで一旦読み進んだ後に、上下を逆にして、再び反対方向へ読み進むと、最初の頁に戻って読み終わるという、逆さ絵本になっている。関心しきりの力作である。[*17]

## 回文

上（右）から読んでも、下（左）から読んでも同じ音（綴り）になり、かつ意味がある言葉は回文（パリンドローム）と呼ばれる。「文」ではなく「語」そのものでも、二文字以上あれば回文になる。よってママ、パパ、九九も最短ながら回文である。[*18]

最古の回文として名高いのは、藤原清輔（一一〇四―一一七七）の著とされる歌学書、奥義抄（一一二四―一一四四年成立）に残される「むら草に　草の名はもし　そなはらば　なぞしも花の咲くに咲くらむ」（むらくさに　くさのなはもし　そなはらば　なぞしもはなの　さくにさくらむ）であろう。[*2]

英語では、No lemon, no melonやMadam, I'm Adam。そしてナポレオンの言葉とされる「Able was I ere I was Elba」（エルバをみるまでは私に不可能はなかった）などがある。数字で二〇：〇二〇二・二〇、二〇〇二（二〇〇二年二月二〇日二〇時二分）は回文ニストにとって、かけがえのないモーメントであったことだろう。

妻夫木夫妻やOKARA TO TARAKO（おからとたらこ）も捨てがたい。[*18] ABBA（スウェーデンの音楽グループ）、oillio（日清オイリオ株式会社）、（株式会社）山本山などは、視覚的にも左右対象になっている。

## 五と七で穿つ粋

さていよいよ「満を持して」という前置きがぴったりの、川柳の話題に入ろう。

川柳は、浅草の俳人・柄井川柳（一七一八―一七九〇）が創始者といわれ、五・七・五という日本独特の音数律（一七文字）から成る。俳句や短歌が、四季を表す季語を必要とするのに対して、その制約がなく、世の中や人生をくすぐり程度の笑いとして切り取るのが見せどころとなる。次にあるのは江戸川柳だが、繊細な描写の中に軽妙なユーモアが感じられる。

蜻蛉（とんぼう）は　石の地蔵に　髪を結ひ[*19]（とんぼをリボンに「見立て」たユーモア）

殺されたあくび　涙に化けて出る[*20]（身に覚えの「あるある」ユーモア）

現代の作品については、とうてい紹介し切れない数の佳品があり、うかつには踏み込めない。遺言川柳・葬式川柳など、新しいお題も考案されている。

大喜利（175頁）のお題が、たとえば「イケメン川柳といえば？」となることもある。ちなみに回答例は次のとおりである。

「もてるコツ？　ただ黙って　座るだけ」（奈良県・クロコさん）

「妹が　見物料を　取っている」（福岡県・きよはゆさん）[*21]

## 都々逸・ワンライナー

かわいそうだよ　ズボンのおなら　右と左に　泣き別れ[*22]

川柳にしては字数（七・七・七・五）が合わない。それがし都々逸である。

都都逸は、江戸も後期になる頃、名古屋の熱田（当時の神戸町）で生まれた俗曲「神戸節（ごうどぶし）」が発端とされる。そして都都逸坊扇歌（一八〇四－一八五二）が寄席で「そいつはどいつじゃ　どどいつどいどい」の囃子詞（はやしことば）を使って人気を博し「どどいつ節」と呼ばれるようになった。[*23]

雅言を用いず、主に男女の情を口語で綴るのが特徴であり「熱い熱いと言われた仲も三月せぬ内に秋（飽き）が来る」や「信州信濃の新そばよりもわたしゃお前の傍（蕎麦）がいい」など、掛け言葉が入ったものがある。かと思えば「恋に焦がれて鳴く蝉よりも鳴かぬ蛍が身を焦がす」や「嫌なお方の親切よりも好いたお方の無理がいい」など、ウィットを効かせた風もある。

近年では熟年をテーマとする作品が増えているようだ。お馴染み「お前百までわしゃ九十九まで　共に白髪の生えるまで」に対するアンサーソングと言えそうなのが…

百まで生きるは　目出度いけれど　お前誰だか　わからない

共白髪だと　思っていたら　共に知らない　仲となる[*22]

哲学者のソクラテスが残したとされる「なんとしても結婚したまえ。良妻に恵まれれば幸せになるし、悪妻に当たれば、哲学者になるだろう」は、いわば洋風の都々逸であり、ワンライナーと呼ばれる。ワンライナーは本来、ユーモラスな一行句の意味だが、このように二行（以上）の場合もある。

〝短め〟であることで、詠いやすく人気を博してきた川柳もさることながら、シニアならできそうな〝ちょっと長め〟。都々逸の復活に期待したい。

〝もう少し長め〟というべきか超・短編小説というべきか『54字の物語』（氏田雄介・PHP研究所）についても触れておきたい。まずは、一体それがどのようなものか、一つ作品を読んでみよう。

初恋のひとが今日結婚する。
結婚相手はほんと幸せ者だ。
今頃どんな顔してやがるんだろうな。
気になって、鏡を見た。[*24]

パンチ・ラインとなる、大どんでん返しが見事に決まったストーリーとなっている。皆様も、創作に取り組んでみてはいかがだろうか。長編物語を書くには、覚悟が求められるが、五四文字なら何とかなりそうである。

## 早口言葉

語りの芸能として早物語（はやものがたり）がある。室町時代、平家物語を語る琵琶法師が、すでに早いテンポで琵琶を奏でながら、早口に弾き語っていた。[*15]

江戸時代になり、歌舞伎役者・市川団十郎の十八番として知られる「ういろう売り」（一七〇〇字相当）が、とちらずにしゃべりまくし切る、早口そそりの芸として確立された。

次第に早口言葉遊びとして、庶民の間へも浸透した。「お綾や、親におあやまり」「あの竹垣へ竹立てかけたのは竹立てかけたかったからだ」などが江戸で流行っていたという。[*25]

英語では舌もじり（タング・ツイスター）と呼ばれる。アナウンサーのかつぜちゅ、ではなかった、かちゅぜつ、失礼しました、滑舌の練習用としても活用されている。

そこでシニアも練習してみるとしよう。どうせなら将来、使うことになるかもしれないワードを、しっかり言えるように備えておきたい。

骨粗鬆症で手術室、腹腔鏡で摘出手術中

高血圧・高血糖・高脂血症、からの低所得者・低栄養・低体重

（注：低リスク・低姿勢・低依存など、日によって語彙を変えてもよい）

早口言葉は、たとえ言い損っても、笑ってもらえる可能性がある。思い出してほしい、人相の悪い人のほうがちょっと面白いだけでモテる、小さな病気より大病を患った人の体験談がウケるなど、笑いには反則のルールがあることを。

## 言葉遊びから絵遊びへ――アナモルフォーズ・鞘絵・寄せ絵

ここまで、笑い学における「言語の領域」に交じえて、途切れ途切れに「アートの領域」についても触れてきたが、改めてここでトロンプ・ルイユ（trompe-l'œil）として、まとめておきたい。フランス語でトロンプは騙す・騙された、ルイユは目の意味。すなわち目を騙す、騙された目、概して「騙し絵」と訳されている。[*26]

原点は一四世紀頃、立体的に描く技法としての遠近法を始めとする、目の錯覚を活かした発想にあった。遠近法とは、きわめて簡潔に言えば、少々歪めて描くことである。次第に、その歪曲へわざと、勘違いを起こさせるべく、ユーモアを加味する芸術を画家たちが思いついたのである。

その先駆的な画家のひとりは、誰あろうレオナルド・ダ・ヴィンチであった。彼の手稿「コンデックス・アトランティクス」の第三五葉にある「幼児の顔」（一四八五年頃作、ミラノ・アンブロジアーナ図書館）は正面からみると、顔と目の輪郭が極端に横に引きのばして描かれてある。しかしほぼ真横からみると、顔に目が浮き上がってくる、しかもその目が開いてくる。[*27] すでに描き終わっている一枚の絵が、眼の前で変貌を遂げる意外性を楽しむ着想であり、現存する歴史上初のアナモルフォーズ（仏、anamorphose：角度を変えてみると正しく見える歪曲像）といえる。

日本には鞘絵（さやえ）がある。「喜遊笑覧」（一八三〇年）に「鞘絵といふもの和蘭（オランダ）より渡り始めしものなり」と記されている。通常の視覚では歪んだ形にしか見えないが、紙の上の、指定されている場所に、光沢がある刀の鞘や円筒を置くと、そのゆるやかに曲がった面の上に、歪みのない絵が映し出される仕組みになっている。*27

複数の物を集めて、何か別の形を作る寄せ絵もまた、トロンプ・ルイユにおける一つの系譜である。ジグソー・パズルの趣に近いが、パズルの一つ一つに、また別の絵が描かれているような懲り方である。好例としてジュゼッペ・アルチンボルド（伊、一五二七―一五九三）の「庭師／野菜」は、野菜を一つ一つ描きながら、それらが集まるとひとりの人物になる（制作年不詳、所蔵：伊・クレモナ市立美術館）。しかもこの作品は、上下を逆転させると野菜の静物画が、男性の顔に変身する上下絵（90頁）も兼ねている。*27

日本にも、騙し絵の大家と称されるに相応しい、歌川国芳（一七九八―一八六一）がいる。彼のこだわり方も秀逸で、さまざまな姿態の人を寄せ集めて、一人の顔を描いた「人かたまって人になる」（版元：大和屋久兵衛）や、猫を寄せ集めて猫の好物である「かつを」という文字を描いた「猫の当字・かつを」（一八四一―一八四三年頃、個人蔵）などがある。いかにも観る者の目を欺き、驚かせてくれる名作である。

## 折り変わり絵・組上げ絵

東京・墨田区にあるたばこと塩の博物館・ミュージアムショップでは、折り変わり絵（畳み変わり絵）が、百円で購入できる。享保（一七一六―一七三六年）に描かれたと想定される作者不明の作品で、折り線に沿って折りたたんでみると、人物が立ったり座ったり、顔が前を向いたり横を向いたり、違った図柄に変わっていく。[*28]

組上げ絵（立版古・たてばんこ）も、紹介せずにはいられない。一枚の紙面を無駄なく使うべく、精密にレイアウトされた多色刷りの図形を切り抜いて、のりしろに糊を付けて、組み立てていく。凝ったものは一二枚で一組（立体）が出来上がる。図案に、北斎をはじめとする一流絵師たちが加わったこともあって一時期、大流行したという。出来上がった後は、後方から燈籠を灯して鑑賞したため燈籠絵とも呼ばれる。

## ワードとアートの融合

「言葉遊び」の世界がそうであったように「遊びアート」の世界も膨大である。まだまだ何も、紹介できていないと言うべきかもしれない。

ダ・ヴィンチやアルチンボルドもそうだが、日本が世界に誇る画家である、北斎や国芳も「面白さ」に興味をもって、作品に反映させていた。しかしそも一体、なぜアートの天才たちは「面白さ」に目を付けたのだろうか？

彼らから言わせれば、観る側から「素晴らしい」と感心されるのは当たり前であり、それだけでは飽き足らない。創出すべきは、素晴らしいだけに終わらない傑作であるべき、との思いがあったのではないだろうか。

あるいは彼らが、二人といない、替えの効かない天才になることを目論んだ時、見えてきたのが笑いの持つ力であった、とも考えられる。目の玉に食い込み、目の裏に焼付いて離れない迷画こそが、名画に勝るとも劣らない、と気づいたのだ。

結果、彼らは優れた芸術家の枠を突破して、トロンプ・ルイユの領域で、持てる手腕を惜しげもなく発揮した。彼らの「言わずと知れた代表作」以外の「思いがけないユーモア作品」に気づけたのは、隠されていた秘宝を発見できた喜びである。

ちなみに今日の日本で、トロンプ・ルイユといえばトリックアートを指すことが多い。トリックアートとは、トロンプ・ルイユに現代的な錯視の技術やアイディアが付加されたもので、美味しいところを上手く取り入れた、不思議アートの総称となっている。

言語は、時代とともに古語となり、理解するのが難しくなるのに対して、アートは形象であることが強味になる。鑑賞できることは素晴らしい。ゆえに、ヒトはアートを生み出したのだ。

言語は、話す・聞く・書く・読むことができるのは良い点だが、今の時代ではまだ、異言語という障壁がある。アートであれば、国境というバリアにも邪魔されず、世界を股に掛けてグローバルに伝わる。しかも今後は、一文字ずつ、メッセージを読む時代ではなく、見て瞬時に感じる時代になっていく予感がある。アートであれば、作品を目にした人に、一秒いらない一瞬で、衝撃となって伝わる。かと思いきや、見れば見るほどじわじわ来て、思い出し笑いを誘うなど、時間差攻撃も使える。

確実なのは、ワードとアートのいずれにおいても、ユーモアが欠かせない素養であり続けることであろう。

# 5

## 間違いを笑い飛ばせ

### 若者には歯が立たないシニアの特技

## 巧(たく)まざる笑い・子どもの笑い

私たちにとって最も身近な笑いと言えば、不本意にやらかしてしまうことで出てくる笑い。つまりちょっと格好悪い、間違いによる笑いである。

ちなみにこのような誤謬の笑いの起源は、アンリ・ベルクソン（仏、一八五九―一九四一）が一九〇〇年に発表した『笑い』（Le rire：ル・リール）の中の、キプロクオ（quiproquo：取り違い・すれ違いの意味）の笑いに辿ることができる。日本でも「笑い」（岩波文庫版、一九三九年）として出版された。[*1]

またリチャード・ブリンズリー・シェリダンの戯曲『恋がたき』（The Rivals, 1775）には、言い間違いばかりするマラプロップ夫人が登場して、誤用（語）法（マラプロピズム：malapropism）の存在を世間に広めた。誤用（語）法は「ガイルレス・ユーモア」（guileless humor：企(たくら)まないユーモア）とも呼ばれる。

このような天然性の笑いは、子どものお得意分野である。今までシニアに向けて話を進めてきたが、ここで子どもたちが繰り広げる笑いについても、特徴をまとめておく。

たとえば、牛乳を温めると膜が張ってきたのを見て「おばけがでてきた」という。[*2] これは大人には思いつかない、子どもの懸命にして純粋な視線ならではの擬人法（58頁）である。同時に、身の回りにあるものすべてに、自分と同じような命があると信じがちなアニミズム的心性にも通じている。[*3]

また数年前まで、オムツを取り替えてくれた人に、小便を引っ掛けていただけあって、子どもはTPOを適切に判断できない。実際に「してもらう」「してあげる」「してもいい」などの類別が曖昧であり、母親に叱られている最中「お母さんに何か言うことあるでしょ!?」と言われて(「ごめんなさい」の代わりに)「…あそぼ」と誘ったりする。[*4]

このような、あどけなさによって生まれる笑いとは対照的に、子どもが大人顔負けの正論を説いても、笑いを引き起こす。たとえば「そういう時は、おばあちゃんに〝ごめんなさい〟って謝るんだよ、おじいちゃん」と孫が祖父を諭すなど。[*5]

かと思えば、カツラや入れ歯を「はずしてみて」と、ねだる時があるかもしれない。発達の途上にある子どもにありがちな、無邪気さとわかるので、叱るどころか微笑ましくなる。

大人になるにつれて、何かを言ったりやったりする前、そして笑う前に、忖度するようになる。「大人しくする」ことを敷衍して「大人になる」と言うかのようである。[*6] しかも大人の笑いは愛想笑い・作り笑いなど、種類が増える。企てずにはいられないのが「大人の人格」であり、笑うにつけても腹に一物を抱えてしまうようだ。[*7]

本来ユーモアとは、高度な脳の働きや複雑な言語によって生まれるものであり、教養が不十分である子どもにそれが現れる余地はない、と彼らのユーモアを一蹴する意見がある。確かに、子どもの笑いはユーモア・センスに由来しないかもしれないが、そのお蔭で彼らは、珍発想に基づく珍プレーができる。いわば平時でありながらボケの状態でいられることで、大人が感心はするが真似できない独特の笑いのジャンルを持っていると言えるだろう[*8]。

ここで実際にあった話。五歳の子どもが家で、一人で留守番をしていたところへ、母親の友人から電話がかかってきた。「もしもしお母さん、いる?」。子どもがすかさず答えた「いらない」[*9]。そのまま漫才のネタに使えそうな切り返しである。

## テストの珍回答

中・高校生あたりへも年齢層を広げてみる。どうやらテストの時にキプロクオの笑いが発揮されているようだ。たとえば、「自給自足」「開口一番」が正解であるべき四字熟語の穴埋め問題へ、「自給千円」「さっぽろ一番」などと、正気で回答しているという。

そこで皆様へもテスト! 次にあるのは『相応しい言葉を「　」に入れて、文章を完成させよ』という穴埋め問題なのだが、誤答のほうをすでに書き入れてある。『本来の正しい回答は何だったのか、当てよ!』

1. 父はひとりで「　避妊　」することになった。
2. 可愛い子には「　族　」をさせよ。

3．親の目を「　つぶして　」悪いことをする。[*10]
正解：1．赴任、2．旅、3．盗んで（お願い「目つぶし」はやめて）

テストの点数はもらえなくても、座布団一枚はもらえそうな回答が続く。
4．「あながち～ない」を用いて短文をつくってください。
穴がちいさくて、中がのぞけない
5．「うってかわって」を用いて短文をつくってください。
彼は麻薬を打って、変わってしまった[*11]
正解：4．あながち（誤答とはいえ）ない、5．うってかわって（正答ともいえない）

英語のテストも油断禁物である。「安全」を「SECOM」、「借りる」を「PROMISE」と、警備会社や消費者金融業の名称で答えてくる。英語ではなく笑い学なら、満点の回答である。

## 歳をとると笑えなくなる？

箸が転んでもおかしい年頃、という表現がある。若い人はよく笑う→この人はよく笑っている→この人は若いのだろう、と推測するならば「笑う」は、年齢判断の基準にもなりそうだ。

モンデリーズ・ジャパンが二〇～五〇代の男女六〇〇人を対象にして行った「いい歯と笑いに関する意識調査」（二〇一七年）で、二〇代は一日平均一五・〇回笑うのに対し、五〇代は七・一回しか笑わないことが判明した[12・13]。五〇代で二〇代より半減する、となると八〇代が思いやられる。相当、覚悟して笑わなければならないだろう。

確かにユーモアを察知するセンサーは、年齢によって異なる。若い人とそうでない人では、体力や体調が違うので、若い人のほうがより刺激性の強い、スピード感のある笑いを楽しめそうである。だとすると、血気盛んな若者のユーモアがあるように、シニアならではのユーモアがあるはずだ。しかしなぜか今まで、その「シニア部門」が十分に認識されていなかった。若者と同じところで笑わない（笑いのツボが違う）シニアがややもすれば「ユーモアの通じない人」として、蔑まれていたきらいがある。

ならばこの機に、子どものような遊びマインドを取り戻して、笑いのシニア部門を確立しよう。バーナード・ショーは述べている。歳をとったから遊ばなくなるのではなく、遊ばなくなるから歳をとるのだ[13]。このフレーズはアランの「幸福だから笑う訳ではない。むしろ笑うから幸福なのだと言いたい」を思い出させる。真似をして付け加えるならば、〝若いから笑う、のではなくむしろ笑うから若いのだと言いたい〟。

そしてどうやらキプロクオこそは、シニアから発信できる笑いのジャンルであるようだ。次に、詳しく見ていこう。

## 言い間違い

「てにをは」や「が・の・へ・と・で」など、たった一文字ではあるが、言い間違ってしまうことがある。実際に「今日もいいですね」と言おうとして「今日はいいですね」と言ってしまうと、「昨日はよくなくて、すみませんでした」と（口には出さないが）言われた相手が気まずく感じる。

火事のニュースで「◎◎さん方から屁が出て」と言ってしまったのは、小池百合子東京都知事が自らネタにする、アナウンサー時代の失言である。よく似た発音（類似音異義語）の言い間違いと言える。

結婚式の司会者による「それでは新郎・妊婦の入場です」は、言い間違いを装った事実であり、近年では軽いユーモアとして用いられている。芸人の坂田利夫さんに至っては、ご丁寧に、妹の結婚式に「ふしだらな妹ですが、今後ともよろしくお願いします」と挨拶を述べたとか。「ふつつかな兄」による、言い損ないである。[*14]

「ふしだら」と誤解されてしまう例は、後を絶たない。素敵なナースに「優しくお願いします」と言おうとして「やらしくお願いします」、隣のご主人に向かって「寄付をお願いします」と言いたくて「キスをお願いします」。赤面しきり、顔から屁（火）が出る、である。

勢い余ってか、言葉が閊えてなめらかに伝えられない、俗に「噛む」と呼ばれる言い間違いもある。コンビニのバイト定員に「お弁当あたたためますか」と聞かれたり、レストランに入って「いらっしゃいませ」と言いたいはずのウエイターが「しゃしゃしゃっ」と言っていたり。[*15]

ちなみにレストランは、言い間違いのホット・スポットである。焼肉定食を注文したいのに弱肉強食、カニ玉と言おうとして「がにまた」と発する。間違って「ひまつぶし」といっても「ひつまぶし」を注文できるとは聞いたことがあるが「にそ見込みしきめん」と言っても、望みの料理（味噌煮込みきしめん）を注文できたという話まである。[*16]

複数の言葉が入り交じってしまうこともある。爬虫類と哺乳類が合わさって、人間のことを爬乳類と言ったり、タクシーに乗って左と言おうとして「みだり」と口走る。[*10]

「混じる」から、さらに進化を遂げて、完全に「入れ替わる」場合は、スプーナリズム（語音転換：spoonerism）と呼ばれる。たとえば、物件の宣伝で「築五年、駅から五分」のつもりが「築五分、駅から五年」。商品の在庫確認をしてくれた店員の答えが「ざっかん、じゃいこがございます」、アナウンサーがニュースで「男を持った包丁が押し入り…」。[*15] 一日に三回歯磨きする、と言おうとして「三日に一回」と口走ってしまった場合は、後でいくら言い直しても、弁解にしか聞こえない恐れがある。

間違わないように、と意識しすぎるせいか、余計に言いたいことが言えなくなってしまうこともある。「生き字引のような人だ」と言おうとするのに、なぜか口からは「生き地獄」という言葉しか出てこない。高級なメロンをいただいた御礼を述べるべきなのに、どうしても「レモンをありがとうございました」としか言えないなど。

## 聞き間違い

頻繁に起きているのは、類似音異義語の聞き間違いである。「憎まれっ子世にはばかる」を「肉コロッケ歯にはさまる」。東京医科歯科大学を「相当いかした大学」、チンジャオロースを「死んじゃいそうです」など、数々ある。[*17] しかも空腹の時には、何を聞いても「食べ物」に聞こえる空耳力がプラスされるようで、汚職事件がお食事券、双生児がソーセージ、お疲れ様でしたが「カツカレーさまでした」に聞こえる。

ちなみに「れっス」や「アーザーした」は聞き間違いではない。若者が得意とする、お疲れ様です、ありがとうございました、の略語である。

同音異義語（同じ発音の違う言葉）に関しては、理解する段階での誤判断（判断ミス）が多い。「片思い」を「肩重い」、「つま先立つ」を「妻先立つ」、「薬剤師」を「やくざ医師[*18]」などと自分の頭の中にあるものが、先に想起されやすい。

外国語編もある。高名なアリストテレスを、アリスとテレス、ヴィンセント・ヴァン・ゴッホを「便箋と番号」と聞き間違う。「土曜の海」が「Do you know me?」、「ほったいもいじるな」が「What time is it now?」と、日本語が英語に聞こえるようになればハイレベル、妄聴力の域である。[*19]

韓国語が「パンにハムはさむにだ」「氷は歯にしみるのだ」などと聞こえる、とも聞く。これは聞き間違いではなく「ハナモゲラ語」（流暢な外国語に聞こえるインチキ外国語）のなせるワザであろう。

方言も時に、何度聞いても理解できず、通訳が必要な事態になりえる。たとえば、東北弁の中でも、ある一部の方々の間では「さしすせそ」が「さすすせそ」（もしくは「すすすすす」）へと自動変換するという。ならば『「おすすのすめにすずみのみそする」は、何と言っているか？』とクイズがつくれそうである（正解：お寿司の締めにしじみの味噌汁）。

一方で、江戸っ子の辞書に「ひ」はない（「し」になる）、「じ」は「じゅ」を兼ねる、「び」と言えば「ぶ」を含む、との説がある。この説に即せば、タクシーに乗って運転手さんに「しんじく」は「新宿まで」連れて行ってもらいたい意味になる。本人は「日比谷公会堂」といったつもりで「渋谷」公会堂に連れていかれることもある。

難聴も、聞き間違いの原因になる。ゴミ収集車の「ご注意ください」というアナウンスが「曲がりますので、五〇円ください」に聞こえる。[*2] ここまで到達したら「よく聞こえない」能力を活用してみたいものだ。「俺俺」などと言われたら、散々聞こえないふりをして持て遊び「へえ？　三〇〇万円振り込んでくれるって、いつ？」と聞き間違う。

聞きたいように聞こえてくる（聞きたくないことは聞こえない）高機能の耳になれるのは「一三番さん」（じゅーさんばんさん↓じいさんばあさん）の特権であっていい。[*20]

## 読み間違い

読み間違い（誤読）といえば、音訓の間違いがある。小児科↓こじか、兎に角↓うさぎにかど、床の間↓ゆかのあいだ、などはもはや、知る人も多いお馴染みである。

「隠された真実」を「かくされた、まみ」、「汚れた英雄」を「よごれた、ひでお」ならまだしも、WOWWOWを「ウォウウォウ」、OIOIを「おいおい」と読んでみて、恥ずかしい思いをした経験がある人もいるに違いない。特殊な読み方をする固有名称がますます増えて、とてもついていけない。

しかも昨日も今日も、目がしょぼしょぼしている。「母の目にゴミ」なのか「母の日にゴミ」なのか。「一目おかれる存在」にも見えるし「一日おかれる存在」にも見える。[*21] 近づけても遠ざけても、はっきり見えない、と思ったら、老眼鏡を頭の上に掛けていた。歳をとることは安易ではないと、痛感する日々である。

しかし見えないお陰もあるという。白内障の手術が簡易にできるようになり、視力が回復した途端に、喜んでばかりいられないと悟る人が続出している。まずは手術を終えて帰宅し、家にいる人をみて「このお年寄り、誰？」と思ったら奥さんで愕然とする。その後、鏡に映った人物をみて「弟はまだ、こんなじいさんじゃないはずだが…って、これは俺か!?」と腰を抜かす。半分嘘で半分本当の話である。

だから眼は、かすんでいるくらいでちょうどよい、が結論になる。[*22] そのお蔭で今日も、美人とイケメンだけに会える。老眼に、乱視がまじって奏功すると、ベランダから見える富士山が大きく、近くに感じられる。対岸の花火大会が豪華に輝いてみえる。正確に見えていないからこその幸福は、計り知れない。

ところで、長い歴史を持つ読み間違いとして、なぎなた読みがある。本来「弁慶が薙刀(なぎなた)をふり回し」と区切るべきであるところ「弁慶がな、ぎなたをふり回し」と読んだことに由来される。区切り方の間違いでもあり、現代版では「東京都に住む、田中さんじゅうご歳」は東京都か、東・京都のどちらかに住む、田中さんは一五歳か三五歳のどちらか、になる。[*23] 英語の例としては、**I'm now here. / I'm no where.** が有名である。

## 書き間違い

ふと視線を投じた、洋服のラベル。「フラソス製、一〇〇%コットン、ドライくりーニングして下ちい、クリスチャソディオール(株)[*11]」と書いてあったら、たぶんフランス製ではない。

海外旅行に出かけて、遭遇した「いらつしやませ。日本語でどづそ。わりがとらごさいます」と書いてある店先。「エしペーターで二階へどラざ」と誘われて[*24]、店に入って開いたメニューに「焼きうどんヤットト」「あにぎワ」「たらニスパダツテイ」「コーぺピーフ[*24]」。ネイティブなら気づけそうな間違いであることから、日本語が母国語ではない人が経営している日本食レストランであるようだ。

もちろん国内にも、書き間違いはある。公園に掲げられた「部外者以外・立ち入り禁止」の看板は、否定しすぎて肯定になっている。眼を疑うような間違いとしては、道路に書き込まれた交通標識が「れまれ」「どよれ」「とれま」「ままれ」「とれと」「とまと」[*11]。わずか三文字、しかも重要な三文字を、間違えるとは何という不届き、どうかやめていただきたい。とまれ。

## ミスプリ・変換ミス

殴られて重体の老人死ね、英臭太子、バカチン市国、バリカン半島、これらはニュースのテロップや新聞に登場したことのあるミスプリ（誤植）である。「雪崩で一人は脱出　もう一人は心配停止」（心肺）となっている場合は、変換ミス（誤変換）が原因と思われる。

変換ミスといえば、せっかくつくってもらった「紫陽亭」という料理屋さんの広告に、表記されていたのは「味最低」の文字であった。「五期ぶり快勝」だったはずが「ゴキブリ解消」になってしまった、という。さすがにここまでくると、自然発生というより、笑いを狙った挿話なのかもしれない。

できすぎている例としてもう一つ。「貴方の顔、なんかイモみたい。今度一緒に相撲！」。読者の皆様は、もうおわかりであろう。本来の意味は「何回も見たい」「一緒に住もう」である。[*25]

## 記憶違い

それほど似ていないのに、間違えて思い込んでいる記憶違いもある。

エレベーターとエスカレーターは、必ず混乱するとしても、国連機関のユネスコをヨネスケ。自動体外式除細動器であるＡＥＤをＬＥＤ（発光ダイオード）。[*10] ＬＥＤが出てきただけ「えらい！」と感心している暇（いとま）はない。ＬＥＤで対処されても助からない、死活問題である。

命に別状はないが、ちょっと怖い間違いとして、ヘビースモーカーをベビースモーカー。[*10] またディズニー・ファンにとっては「デズネー」と発音されるだけでも許せないところであろうが、ディズニーとデニーズ。デニーズとジャニーズ、びっくりドンキーとドンキホーテ、あるいはＡＫＢ48をＡＢＣ48と、覚え違いしている。

歌手の大月みやこさんは、芸人のクリームシチューをシュークリームと思い込んでいたそうだが、同じく芸人のブラックマヨネーズをブラックマーガリンと間違っている人もいる。[*26] ちびまる子ちゃんを「ちびっ子まるちゃん」と記憶していた人もいる。[*16] いずれの例も、何を言いたいのかは伝わってくることから、もじりの才能はあり、なのかもしれない。

どちらかといえば、無知から来る間違いもある。殺人事件のニュースをみて「う〜ん、これは人見知りの犯行だな」（そうだね「顔みしり」かもね）。同情したらしく「不幸な橋の下に生まれた」（橋の下よりは「星の下」のほうがよかったかな[*15・27]）。

## 行動ミス・その他

涼もうとして、エアコンをつけるとテレビがつく。テレビをつけようとして、お風呂を沸かす。悪いのは私ではない、家がリモコンだらけになったせいで犯す、行動ミスである。

散歩をしようと家を出て、公園に着く。スコップやゴミ袋を持って出たのはいいが、肝心の犬を忘れてきた。こうなると行動ミスに、物忘れが加わった、上級者である。せっかく公園まで来たので、持ってきた弁当を広げて食べようとしたら箸がなかった[*28]。しかたなく牛乳を飲んだら、牛乳ひげがついた。ひげをつけたまま、帰りは疲れたので電車で帰る。立ったまま居眠りをして、ふらついたので顔をそむけられた、と思っていた。帰宅してトイレへ行き、洋袴（ズボン）のチャックを上げ忘れていたことに気づいた。上げ忘れでよかった。下げるのを忘れて大変な目にあった友人を思い出し、胸をなで下ろす[*29]。

ほかにも、どうやらシャンプーをした後に、またシャンプーをしているらしい、長風呂。忘れないように記しておいたメモが、どこにあるかわからなくなる捜し回り名人なども、似たり寄ったり、同じお釜の行動ミスにはまっている可能性がある。

あるいは「味のある字」と褒められるようになったなら、震えが入っている可能性がある。「◎◎雄太様」と、宛名を書いたつもりでも、打ったはずの点が、思うところに打てず、どことなく「雄犬」に見えたり、見えなかったり。

名前と言えば、失名症。肝心なところで、思い出せずに四苦八苦した経験が、誰にでもあるだろう。名前以外でも、たまにすんなり出てくる時は調子がいいわけではなく、間違っている時にもなめらかに出てくる。

## 物忘れ以上

シニアの集まる会合では、必然的に「あの人に会った」「あそこで食べた」という指示代名詞や「え〜と、ん〜、ほら〜」などドッグワード（つなぎ言葉）入りの会話が増える。思い出した時にすぐしゃべらないと「忘れてしまう」という焦りから、他者の話を横取りして、自分の話に持っていってしまうようにもなる。

それもこれもお互い様。笑っている途中に、なんで笑っているのか忘れかけている仲間同士であり、その光景はどことなく楽しそうだ。しかし会合に集まろうとして、家を出たのに、どこへ行くはずだったか曖昧になるようなら、一時的記憶脱落症と呼ばれる。*30

それぞれが、物忘れの余話を一通り披露し終えて解散する時に、忘れ物がないか、皆で声をかけあって確認に確認を重ねる。これは賢い習慣である。しかし帰り道がわからなくなるようなら、見当識障害（認知症）と呼ばれる。

もうしばらくすると、網膜でデータを送受できる（眼球にＡＩを入れる）ようなスマート眼球になるらしい。家に帰る道を忘れても、目の前に進むべき順路を示してもらえることになる。思い出せない人の名前も、角膜に、顔と一緒に表示してもらえるという。[*31]

このような時代には逆に、忘れられることのありがたさを思い知るのではないだろうか。あるいは、忘れたくて忘れようとしていることを、せっかく忘れそうになる瞬間に、思い出させられるという拷問コントができそうだ。

現実の話として、アルツハイマーと癌を併発している人は、薬が効いて熱が下がると、さっきまで高熱にうなされ、血が止まるほどの力でケアラーさんの手を握って、苦しんでいたことを短時間で忘れられる。再び訪れるはずの病状にもおびえないですむ。[*32]

認知症の進んでいる人が、転んで八針縫う大怪我をした場合でも、痛みに無頓着でいられるため、救急車で運ばれているのに居眠りをしている。病院で縫ってもらった糸を、自分でむしり取って、大出血しながら大暴れするほど、あっけらかんとしていられる。[*33]

「まだ何も知らない」に始まり、「もう何も覚えていない」へ。これは百年生きるようになった人間に授けられた、進化の一つと受け止めるべきなのかもしれない。

はてさて。本書で、引用させていただいているエピソードや事例は、できるだけ引用元を示せるように心掛けた。しかし、どの本のどの頁で見たか、わからなくなってしまったものが多数ある。明確に引用できないことに関しては、申し訳ない限りであるが、どうか著者の忘却力に免じて、一笑に付していただけまいか。

言い訳に聞こえるかもしれないが、ユーモア・センスは、誰かの所有物というより、誰でも自由に使える天下の回り物。「ジョークには著作権がない」という詭弁（71頁）もある。[*34] 読者の皆様のご寛恕を、伏して請う次第である。

## 認知症と笑い

認知症に関しては「笑うべきことではない」と考えられてきた。幾ばくか、その考えを緩める試みをしたい。

認知症「である」は「でない」とは違う。真面目に真正面から構えると身がもたないので「笑ってみる」を取り入れる。実際に「笑い入り」で、認知症と関わった体験を綴ったコミック三作を、参考にしてみる。

まずは鈴橋加織さんの『今日も私は、老人ホームの看護師です①②』（リーダーズノート出版、二〇一六年）。ナースという立場で、ホームの入居者を面白可愛く紹介している。

登場するのは、杖をもって帽子をかぶり、本人としてはお出かけの準備ができた様子だが、靴下と靴を履いていない男性入居者さん。持っている杖の使途がわからなくなり（床に付ければいいのに）空中に浮かせて歩く。だから上手く歩けない。[*35]

また当時九八歳だった女性入居者さんとの会話では「さすが。おばあちゃんの知恵ですね」と褒めたら「誰がおばあちゃんやねん。大阪人の知恵や」と怒られる。凹む代わりに「ものすごくすみませんでした」[*35]と、笑いに切り替えている。

ほかにも、手を握ってきて、そこに唾を吐かれる、背中に痰を吐かれる、などの描写がある。普通であれば泣きそうになるはずの状況だが、それを笑って許すことで、入居者さんに愛情を持って接している姿勢が伝わってくる。つくづく低頭、脱帽である。

続いて、青山ゆずこさんの『ばーちゃんがゴリラになっちゃった』（徳間書店、二〇一八年）。大好きだったばーちゃんを、脳血管性認知症のオールスター（暴力・せん妄・徘徊）、シャイな暴走ゴリラと紹介している。

かのばーちゃんの家では夏場、一週間放置されたジャーの中のご飯が、レインボーに変色している。お皿は使ったまま、洗わず食器棚へ戻され、まな板も食材もカビだらけになっている。

今では、家族の前で全裸になって、ほうきで掃き掃除をしたり、みかんを食べたりするばーちゃんだが、以前は周囲に配慮できる、空気を読む人だったという。それができなくなって、何もかもさらけ出してしまう。

壊れてしまったかのように、あらぶるばーちゃん。むさぼって食べる様子や、怪力で家具を捨てる（いい眉してる）様子は、孫からみてゴリラにしか見えない。[*36] ならば「笑って堪えて」と、笑いで迎え撃つ。それがばーちゃんを嫌いにならず、愛し続けられる方法だと、まるで悟りを開いたかの、あっぱれな孫による執筆である。

三作目の『91歳毒舌系女子、喧嘩を売って生きてます』（主婦と生活社、二〇一四年）の筆者バニラファッジさんは、認知症の義母をケアしている嫁である。かつてはパンチの効いた、しびれるお言葉をいただいていた義母のことを「フェアリー」と呼ぶ。

フェアリーは、症状が進むとともに「グランドフェアリー」へ改名される。何でも自分のものにするし、何でもしまい、なくす。お風呂から出たとたん、入っていたことを忘れ、たらふく食べた後に「いただいていないのは私だけね」となる。典型的ともいえる症状を、読者からの共感を引き出しながら、微笑ましく表現している。

やがてグランドフェアリーの妹の世話もすることになる。どちらも、まだまだ死にそうにないのだが「私が死ねばいいのね」「いいえ、私が死ぬからいい」と、本人たちはきわめて本気の姉妹げんか。[*37] 相手が病気じゃなかったら「はあ!?」と、キレかけるところだが、元気な人は、病気の人には勝てない。とくに認知症は、喧嘩を売ってくるのが症状であるから、強いほうが、先出しじゃんけんをして、負けてあげる。負けるが勝ち、そう過ごす日々が、朗らかに描かれている。

ナースや孫や嫁のように、悲鳴をあげたくなるような事態が起きた時、これは笑いのネタになると喜び、ネタ帳に記しておく。相手に対して抱きがちな負の感情を計画的に、確信犯として、笑いに変異させて乗り越えていくことの大切さに気づかせてくれる作品である。

## 誤解を招くシニアの記憶力

記憶は大きく、実際に起こった事実の記憶と、○○かもしれない、○○だったらいいのに、など想像に基づくイメージの記憶に分けられる。高齢になると二つの記憶が混同しやすくなる。[*38]

また短期記憶を長期記憶へ移行させる能力が落ちる。このように限られた能力で、本人はできるだけ良い記憶を残そうとする。[*39] すなわち高齢になると、都合のいいことしか覚えていられない、脳の仕組みになっているのだが、昔を知る人（たとえば奥さん）からすれば、願望が事実にすり変わった話などは、ばかばかしくて聞いていられない。老人は過去をねつ造する、といわれる由縁である。[*30]

ここまでわかっているからには、聞く側で調整するしかない。「また出たな！」と、シニアが盛り上げた分を、差し引いてあげる。この程度なら、協力してあげても、罰は当たらないだろう。

昔の（同じ）話を繰り返す、にも理由がある。シニアにとって、若い頃の強い感情と共にある記憶ほどレミニッセンス・バンプ（回想のこぶ・隆起）となり、時間が経っても思い出しやすい。周囲に気を使い、喜んでもらおうと、とびきりの話題を選んだ結果、決まって「いつもの話」に辿り着いてしまう趨向にある。[*38]

## 誤解されるしかないシニアの言動

シニアが、ヨガ教室の帰り道なのか、ヨガマットを持って走って、シルバーシートに着く。登山帰りなのか、持っていた杖をつくのも忘れて、席取りをする。五木寛之氏の「孤独のすすめ」にも「電車の席を譲る気にならない」「見ると、なぜか腹が立つ」高齢者像が記されている。[*40]

元気なシニアが優先席を占め、スマホの画面に釘付けになっている。座る必要のある若者（妊婦や怪我をしている人）が、その前に立っている。ひと昔前なら、非常識な若者の行為だったはずが、今ではシニアが真似をしているかのようだ。

一見、なりふり構わない、目をそむけたくなるシニアに見えるが、このような態度もシニアの能力が低下しているせいで発現している可能性がある。現に、神経から神経への伝達が遅くなるため、分配的注意（二つ以上のことへ注意を向ける能力）が、かつてのようにできなくなる。すると、一つのことで精一杯になってしまい、自分が席に着くことを考えると、周りへの気配りができないなど、悪気でやっているというより、本人は必死なだけである。

（認知症にならなくても）理性を司る前頭葉の働きが低下することで、感情を抑制しきれずに、情緒不安定になる。[*41] コンビニのレジで「おつりの渡し方がよくない」と食ってかかる。家電量販店の店員に「説明がなってない」と憤怒する。[*42] このような、シニアが他者を攻撃している状況に出くわすと、何が面白くないのか知らないが、八つ当たりするなんて、卑怯で最低、と見る人の目には映る。

悲しいかな、溝はさらに深まる。ファミレスで注文後「それでは繰り返させていただき…」と確認しようとする前に「おい、まだか？」と注文すら繰り返させずに催促する。時間は余っているはずなのに、順番を待てない。

せっかちなクレイマーは、行列にも割り込む。しかしこの行動も、処理能力の低下によって、たとえばレジに進むことを決めて行動しはじめると、目の前に人がいることに気づきにくくなり、発生している場合もある。[*38]

意外に思うかもしれないが、シニアは嫌われたくないことに関して、敏感である。だから自分が何かしでかすと、とっさの反応で、誤魔化そうとしてしまう。その後も引き返せずに強がることで、一層深く誤解されてしまう。

表に出ているのは強い感情であっても、根底には自分に対してもどかしく、ため込んでいる不安の感情がある。[*43]「困った人」は「困っている人」でもあるのだ。[*44]

## 社会に技量を問う

シニアにとって、若かりし頃と何もかも違う現代。しかし、その著しいまでの時代錯誤に、各種多様の「間違い」が掛け算される時、負と負の積が正になる不思議に似て、珍妙な笑いが生まれ得る。

芸人の島田洋七さんを育てたことで有名になった『佐賀のがばいばあちゃん』（徳間書店、二〇〇四年）は、洋七さんが三八度の熱を出したとき、体温計をじっとみながら「大丈夫、お前やったら四〇度は出せる」と励ました。貧乏だったので道具を揃える必要があるスポーツは遠慮していた洋七さんへ、水泳に関して「海水パンツなんかいらん。実力で泳げ！」と背中を押した。なんという我流、ちぐはぐすぎて奇想天外、面白いではないか！

「がばいばあちゃん」は全国、津々浦々にいる。「婆ちゃんは　アーモンドチョコの　種捨てる」「飛行機は　座れたかいと　聞く婆ちゃん」と読み人知らずの川柳にも登場する。

シニアが毎日、生きていく上で、間違いやとんちんかんぷん（とんちんかん＋ちんぷんかんぷん）がなくなることはない、なくすことはできない。そこで「子どもだから」と許容してあげるように、シニアに対しても「老練の珍プレーヤー」として受け止める。もし周囲から見て、やることなすことすべて、いちいち変、と感じられても、それを笑い飛ばしてあげる技量を持とう。

「間違い」は「違い」と一字違いの、個性の一つ。もしくは間違うことを、若者はまだお呼びでない、シニアの特許と考えてみたいものだ。

## シニアにもひと言

難聴になると、リクルートメント（補充）現象として、一定の音量を超えた音が、強く響いて（割れて）聞こえたり、耳鳴りがして思わず顔をゆがめてしまう。加えて、聞こえが悪い分、大きな声を出してしまうため、周囲からはこのような様相が、不機嫌に怒鳴っているように感じられる。あるいは、よく聞き取れない時に、何度も聞き返すのは気が引けるのでじっとしていると、それはそれで、だんまりを決め込んでいるように見える。[*45]

そこで気づいてほしい。周囲にとって、機嫌の悪い人を相手にするのは大変な苦労である。反対に、明るく機嫌がいいだけで、十分に有難い。現に、挨拶する前に微笑んだり、何かを言う前に微笑むだけで、その人の言うことが、相手に受け入れてもらいやすくなり、良好な関係を築きやすくなることがコミュニケーション術として知られている。[*46]

しかも昔から、似たようなことが提唱されていた。和顔施（わがんせ、微笑み返し）が、周囲と自分の双方のためになる、誰でもできる布施の行であったのだ。

『人は誰でも「元気な１００歳」になれる』の著者、坪田一男さんによると、不機嫌な長寿者はいない。「人は健康で長生きだから、ご機嫌になるのではない。ご機嫌だから、健康で長生きできる」と述べている。[*47] このフレーズは、本書で何度か登場するアランの言葉「楽しいから笑うのではない、笑うから楽しいのだ」を連想させる。ちなみに、アランは「上機嫌は人間の義務の第一」とも述べている。[*48]

怒る時は、緊張・興奮状態にあり、交感神経が上位になって働く。怒って発散し、すっきりしたと思いがちだが、実際は疲れてぐったりしている。自浄作用ではなく自虐行為になっている。しかも嫌な老人と思われていれば、ここぞという時に、大切に扱ってもらえない。このような泣きを見ないためには、ご機嫌でいる。ほんの少し、剽軽を心がけてみるだけでいい。

剽軽が気に入らないなら、いっそ不良老人になる。世間が言う暴走老人や、どこにでもいる「不機嫌な老人」とは、ひと味違う「上機嫌な不良」になってみよう。

ぐれていいのは若者だけではない。世の中、何がジいジだ、バあバだ!? 俺はじじい、あたしゃババアで結構ざーます! 健康が「ちょい悪」なんて生ぬるい、にも程がある。相当ぐれてるし、はっちゃけてます、のほうがいい。

さだまさしさんの著書に、次のように記されている。「「僕なんて地獄に行っちゃうしかない」そう言ったら、寂聴さんが笑いながらこういった。「極楽なんて、あなた、善人しかいないとこなのよ。そんなつまんない世界ないでしょ」」。[*49] どうせなら見習って、地獄に落ちても、地獄を楽しむような人になろう。

ジャニーズ創業者のジャニー喜多川さん（一九三一―二〇一九）が亡くなった時、元TOKIOの長瀬智也さんによる追悼の言葉はこうだった。「…あなたは最高です。最高以外の言葉は見つかりません。ジャニーさんは格好良すぎるので、たぶん地獄行きです。ぼくも地獄を目指している男なので、また地獄で会いましょう。…」[*50]。

「格好良すぎる」という理由で地獄に落とされる人もいれば、別の理由で辿り着く人もいるだろう。いずれにしても、地獄の沙汰もユーモア次第。

冥土のみやげに、自慢話はなくても、面白い話（間違い・しくじり談）をたんまり持っていく。ヤンキーもびびるヤン爺、やんちゃじじいも後ずさる、ヤンちゃばばあになってみませんか。ただいま、絶賛、大募集中です。

# 6

## コンプレックスを笑う

### これもまたシニアの特権

## 優越コンプレックス・劣等コンプレックス

メンタリストのＤａｉＧｏさんは、「劣等感のない人はいない。向上したい欲求がある人ほど劣等感を創りだす」[*1]と述べている。「進撃の巨人」の作者、諫山創さんも、大きな夢を持っている人ほど、普通であることさえコンプレックスになる、コンプレックスを抱くのは悪いことではなく健全なこと、と述べている。

コンプレックスは劣等感と和訳されるが、英語では通常、劣等コンプレックスと優越コンプレックスに分けられる。劣等コンプレックス（inferiority complex：劣等感）は、自分を相手より劣っているとみなす。対して優越コンプレックス（superiority complex：優越感）は、自分は相手より優れていると考える。

私たちは馬鹿にされるなど、本来の自分以下に扱われると不愉快に感じる。正当に認めてもらえなかった感情が、いじけるもしくは威張るになって表出することもある。[*2]

自信がある人は威張る必要がない、と言われるとおり、威張ってしまうのは、自己顕示欲は強いが、根底に劣等感があるから。虚勢を張ってしまうのであろう。これはコンプレックスがこじれた形とも解釈できる。この機会に、シニアはもちろん、どの年代にとっても非常に身近な、この感覚の正体を少し掘り下げて考えておきたい。

まずコンプレックスには、はっきりしたラインが引けない。たとえば、育ちが悪いことを弱点と感じる人がいる一方で、貧乏育ちを自慢する人もいる。一族が金持ちであることを誇りに思う人がいる一方で、金目当てにされることに引け目を感じる人もいる。

また東大に入学できることは、傍から見ればそれだけで羨望の的だが、学内では法学部と○学部との間に、優劣意識がゼロではない。あるいは同じ慶応卒でも、大学から入った人と、幼稚舎からの人の間に、優劣がないと断言できない。こうなると切りがない。

要するにコンプレックスは、自分次第の私感である。その人が、劣等感と感じれば劣等感、優越感と感じれば優越感、個性と感じれば個性である。

## 須田亜香里さん

アイドルもコンプレックスの例外ではない。SKE48のメンバーであった須田亜香里さんのケースをみてみよう。自著によると須田さんは、アイドルとして致命的なことに、可愛いくないと、劣等感を抱き苦悶していた。

「メディアに出る時は、映りたがりの反面、一人になって、自分のアップ映像を観る度に泣いていた。それは〝私だけかわいくない〟から」「母に愚痴を言って泣く。〝可愛く産んであげられなくてごめんね〟と母も泣いた」と綴られている。[*3]

劣等感を「自分はどうせやってもだめ」と、逃げる言い訳に使うのは簡単、だからそうしている人が多い。あるいは自分のコンプレックスに、他人からの慰めを求めて「そうでもないよ」と言ってもらい、気休めにしている人もいる。[*1] しかし彼女は、その道を選ばず、コンプレックスを自分を突き動かすために使った。一例としてはダスノート（ファンレターの内容、交わした言葉などを記して読み返す、一種の名刺整理法）を生みだした。ダスは須田の倒語（80頁）である。[*3]

次第にファンの心を掴んだ彼女は、ファン投票（AKB48選抜総選挙）で二〇一六年に七位と「神七」入りした後も、二〇一七年六位、二〇一八年は二位に輝いた。劣等感があるお蔭で、他の人と同じじゃ足りない、と他者がやっていない努力や工夫をして、自分を成長させることができたのである。

かたや彼女を見る側は、どのように感じていたのだろうか。「須田がフロントに立つとSKE48がブスに見える」というSNSへの書き込みは、確かにあった。しかし素晴らしすぎる人に対して、憧れは感じても共感できない。自分とはかけ離れた存在と、遠くに感じる。その点、顔面が綺麗に整っている人より、やや崩れている人のほうが正直、ほっとする感覚がある。

帰するところ、完璧ではないなど、見る人と共通点があるほうが親近感、ひいては好感を持ってもらえる。すべてに恵まれている人より、恵まれていない部分を補おうとして葛藤している人を、応援したい心理が私たちにあるようだ。

## マツコ・デラックスさん

本人いわく、引きこもり・性的マイノリティで「いくら飲んでも酔わない」[*4]。外見だけでなく、社会の基準からもはみ出した規格外の体は、どれだけ補充しても満たされることはなく、ちょっと歩くだけで息切れしてしまう。スポーツや恋愛のイメージとも疎遠で、女装といっても着る服はいつも、同じようなデザインの特注ロングドレス。

一昔前なら、〝メディアに出すな〟と視聴者からクレームが寄せられそうな人物が、なぜここまでデラックスになったのだろう。マツコさんが求められている理由とは、一体何なのだろう？

劣等感の塊である自分を隠さず、カメラの前にさらす。それだけで、見ている側にとっては勇気あるカミングアウト、嘘・偽りのない人の証拠になる。偏見を背負い、逆風に立つ姿を、見ている側は同情してあげる立場にもなる。

すなわちマツコさんの存在は、視聴者に優越感を与えられる。比較しがちな（しないでいられない）人間の、誰かの劣等感は知らず知らず、別の誰かの優越感にリンクしている。典型的な優等生ばかりだと、視聴者にとって、つまらなすぎて萎える。それよりいわば「劣等感に苛まれる巨人」であるマツコさんが、どこまで社会に向かって吠え、噛みつくのか、見届けられるのが快感になる。

結果、他の誰でもなく、マツコさんは選ばれて、レギュラー番組（二〇二〇年・上半期）八本を持つ、芸能界のスターダムに上り詰めている。コンプレックスがアドバンテージとして作用する場合もあるようだ。

## 自虐ネタの深淵

自分の劣等感を、自ら笑いにすると自虐ネタになる。故意にいじけて自嘲する場合も含まれる。「鶴は万年亀は千年、ひろしは二年」と言えば、二年という短い間持て囃された後、凋落した「一発屋」が常套句の芸人・ひろしさん。達観したまなざしで、自己の卑小さを「売り」にする。「気づいたら輪ゴムで一時間遊んでました」「愚痴をいうのをやめたら、話すことがなくなりました」「鳩がどいてくれません！」「一日すごして、万歩計が二七歩です」「告白していないのに、フラれました」「ヒロシです」[*5]。相変わらずのぼやき術で、実は今もそこそこの人気を保っている。

ブサイクでその名を馳せる、ノンスタイルの井上裕介さんも自虐ネタが得意である。「おはよう」とツイートしたら「お前は目覚めるな」「土に帰れ」と書き込まれたなど「嫌われている男」をアイデンティティ（自分が自分である自己認識）とする。「人から「このブサイク、死ね！」と悪口をいわれて、ガックリ落ち込むやつと「なんでやねん！」と笑顔でつっこむやつがいるとしたら、僕は後者がかっこいいと思う」と『スーパー・ポジティブ・シンキング』の中で、ハンサムな発言をしている。[*6]

もうひとり、濱田祐太郎さんの話をしておきたい。彼は二〇一八年のR1グランプリで優勝し、三七九七人の頂点に立った視覚障がいを持つピン芸人である。障がいのある濱田さんのネタを聞いて「ちょっと笑いづらい」と感じた人がいたかもしれない。実際にR1・Cブロックを勝ち抜いた漫談を振り返ってみよう。

「高校から通った盲学校（視覚特別支援学校）で、階段に点字ブロックがなかった」「整列するときに先生が言った〝足元の白い線を基準に並んでください〟[*7]」。

R1決勝戦・優勝ネタもみてみると、「知り合いの男性に言われた〝濱田ってさ、ダンスとかやらへんの？〟」「知り合いの女性に言われた〝濱ちゃん、車とか運転したことある？[*8]〟」。

濱ちゃんが、社会的弱者の立場でありながら、強く耐えていることに気づかされる。同時に、彼が発信しているのは、自虐ネタでもあるが、その以前に、他者を卑下しても気づこうとしない人たちや、社会への風刺（59頁）であるとわかる。風刺自体は、他虐の色彩を帯びるが、彼の場合、根底に自虐ネタがあるので、聞く人を傷つけない。

自虐ネタは、病気ネタ（22頁）もそうだが、悲惨な人ほど胸を張ることができる。足が「もっと細くて長くて真っ直ぐになればいいのに」と気にしている人より、事故で足を切断しなければならなかったサッカー選手のほうが「すごい！」になる。九回裏のホームランで逆転するドラマチックにも、どことなく似ている。コンプレックスを笑いに変えることで、劣勢であった人が自負心を取り戻せる。

さらに「こんな私を笑って」と自分の不幸を、誰かのために呈する時、自分の劣等感は、価値ある勲章に変わる。同時に、個人的だったはずの痛手が、他の同じような傷を持ち、生きづらさを感じている人を勇気づける、頼もしい応援へと飜る。

## 笑われる恐怖――フォビアとフィリア

とは言え、古往今来、世の中には毛頭、笑いが嫌いな人がいる。嫌いでも好きでもなく、笑いにとくに興味がない人もいる。所詮ユーモアとは、コミュニケーションにおける妙味に過ぎない。[*9]

それはまるで、りんごが必ずしも美味しいのではなく、りんごを美味しいと感じる人と、美味しいとは感じない人がいるのと同様である。[*10] したがって、ユーモアに関心のない人に対して「センスに欠ける」などと評することが、ユーモアのセンスに欠ける。

笑いを望んでいない人の前で、笑ってみれば「なんで笑ってるんだ」「何がおかしい」と、誤解を招く。あるいはニコニコしているだけで、ふざけていると思われて「にやけてないで、しっかりやれ」と嫌悪感を持たれる。

かなり親しい仲であっても「笑われた」と感じれば、いい気はしない。まして仲の悪い相手から笑われれば「よくも笑わったな！　覚えといてやる！」と恨まれる。すなわち誰に向かって笑うのか、誰から笑われるのか、は考慮すべき点であろう。

実を言えば、自分がどうしたら笑ってもらえるかに気を配り、笑われて美味しいなどと考えるのは、芸人さんのような極少数派に違いない。芸人さんであれば、笑い者になれることを喜ぶ、いわゆる笑われ愛好家（ジェロトフィリア：gelotophilia）である。

対して、圧倒的多くの人は、笑われる（いじられる）ことに対して傷つきやすい、笑われ恐怖症（ジェロトフォビア：gelotophobia）の要素を持っている。

以前、ハリセンボンの近藤春菜さんが、女子アナウンサーに向かって「大した顔じゃねえな」と、いじって面白くするつもりで発言したところ、その彼女が「ごもっともです」と真剣に、謙遜で答えた。すかさず春菜さんが「やめてそういう言い方。私が悪者になっちゃうから」と自分でフォローを入れていた。

笑いを呼び込もうとして、相手に投げかけても、相手が芸人さんでもない限り、ユーモアは通じていない、と考えるほうが無難である。こちらはユーモアのトスを上げたつもりでも、「なんてひどいことを言うの？」と、受け止める側はダメージを受けやすい。

## 笑ってあげる・笑ってもらう

とくに私たちは、障がいや病気のある人を笑うのは不謹慎であると従来、考えてきた。しかし何の足しにもならない哀しげな表情で、親切ぶられて幻滅してしまうこともある。日常で、たとえば駅の階段で誰かが派手に転んでも、日本だと見なかった振りをしてあげるのが礼儀と考える。[*11] 何事もなかったかのように繕ってあげようとする。

しかし見てみない振りができるのは、本当の優しさだろうか。冷血さでもあるのではないだろうか。それが証拠に、関わりたくない時は、気づかないふりをして、他人の出来事だと思おうとする。それが手抜きをして、片手間でもできる方法だからである。

反対に、相手の状況を笑ってあげようとするのは、むしろ積極的に関わろうとしている。無視するのではなく、笑ってあげることで救いの手を差し伸べている分、愛情がある。

転んでしまったほうは、恥ずかしさがあり「どうか誰にも見られていませんように」と考えてしまいがちである。しかし、そこまで一人で背負いこまずに、誰かに笑ってもらうことができる。少なくとも正面切って笑ってもらえるほうが、陰にまわって冷笑されるより「まだまし」である。

タレントの高田純次さんが、ＴＶ番組を通じて出会った九〇歳の女性を、悪びれることなく「お綺麗なお嬢ちゃん」と呼んでひやかす。ラジオの番組で、毒蝮三太夫さんに「おい！　そこのくそばばあ」と呼びかけられて、高齢女性たちがきゃっきゃっと喜ぶ。

どちらかと言えば悪戯的な笑いなのだが、面と向かって言われることで思わず笑ってしまう。バカボンのパパもきっと一緒に笑ってくれるだろう、これでいいのだ！

人は、もっと人に笑われていいし、もっと人を笑ってあげることができる。湧き出るおおらかな笑いは、他者に向けられる時、それ自体が相手に対する優しさや愛情表現になりえるのではないだろうか。[＊12]

## 笑われて正解――人生は失敗だらけ・後悔だらけ

もはや古典に類するが一九四六年に初版された『菊と刀――日本文化の型』で、ルース・ベネディクトが、日本人は幼い時分から年長者に「これをすれば、あれをすれば、世間がお前を笑うだろう」と注意されることを指摘した。[＊13] 人様に笑われるようなことをしてはいけないとの教えがすり込まれ、そのことが大人になっても残っているという。[＊14]

当たらずとも遠からず。日本人は、あたかも躾として、他者から笑われてはいけないという意識を身につけ、自分が笑うことすら遠慮してしまう。現に「不覚にも笑ってしまう」や「笑いを堪えることができない」など、笑わないことを「良し」とするかの表現もある。[＊15]「冗談はさておき」「冗談はともかく」も「いい加減にしろ」と、ユーモアを制する表現である。

土屋賢二さんの『紳士の言い逃れ』に「約束は破られ　計画は狂い　締め切りは守られず　計

時期である。

算は間違い　予報は外れ」とある。[*16] なるほど人生には、想いは届かず、理解はされず、夢も願いも叶わない、と感じて落ち込んでしまう時がある。とくにシニア期は、若い時に比べて身体的な能力の低下、精神的には過去のトラウマを抱える。コンプレックスと、最も縁とゆかりのある時期である。

そのせいもあってか「今、幸せか」と聞かれて、十分に幸せな人も「そうではない」と答える。シニアになるまで、死なないという奇跡に恵まれただけでも幸せなのに、不幸がってしまうのはもったいない。だからこそ、これらのことを自覚した上で、自らに燦々と降り注ぐ、ありとあらゆる災いを、笑い・笑われて、退ける。

泣いていても解決できない誰かを笑ってあげるし、誰かにも笑ってもらう。笑われているうちに、恥入っていた人が深刻ではなくなったり、放免してもらえた気持ちになれる。

所詮、凡庸の人生なのだから、笑われることを恥だと思って悲しまず、侮辱されたと思って悔しがらず、どちらかと言えばその愚かしさを、お互いが笑いあう。人は感謝しても、感謝されても多幸感を得られるように、[*17] 笑っても笑われても幸せになれる、と考えてみよう。自分で自分を笑うならば、自己治癒法になる。

転ばない方法は、起き上がらないことだ。しかし人間は二足歩行と引き換えに、転ぶ能力を手に入れた。[*16] 私たちは幾度となく転び、立ち上がるたびに賢くなる道を選んだのだ。「失敗は成功のもと」と言われながら、失敗は誰にとっても、第一希望ではない。[*18] 誰だって損をするのは、無駄をするのは嫌いである。しかし損をしなかった人も、無駄がなかった人生もない。

「大過なく」を第一に考え、人生から試練を取り去ってしまったら、大儀なことをやり遂げた後の達成感が減る。それより騙されて損しても（騙して得した話でなければ）、時が経てば、笑い話へ昇華できる。退屈死しそうな差し障りのない人生より、波乱万丈のほうが面白くて豊か。[*19]願うとおりに進まないことがいいわけではないが、叶わないことには浪漫がある。

しかし、どちらかと言えば自分が笑うのを我慢してきたタイプの人にとって、誰かを笑ってあげたり、笑ってもらって喜べるようになるには、障壁がありそうだ。今まではもしかすると、得体の知れない恐れがあって、警戒心という外套を着込んでいた。しかしそのせいで、思うように身動きがとれなかった可能性がある。

ならば身にまとっているだけで苦しかった（本当はそうしている必要がなかった）殻を脱ぎ捨ててみる。勇気を出して、新境地に踏み込んでみよう。

## コンプレックスは笑いの素材

早速、笑いのネタを探してみると、ハゲがある。もし禿ることをコンプレックスではなく、天然芸を授けられたと解釈できるなら、それだけで人生は、抜け毛が減るほど気楽になる。

もともと「毛ほどの」とは「ほんのわずか」の意味、つまり「あってもなくても大したことでない」という意味であった。確かに、はげていると頭痛がしたり耳鳴りがするわけでもない、人畜無害の天然現象である。

それどころか、いいこともある。待ち合わせの目印になる、雨が降ってきた時、いち早く気づける。ほかに、顔を洗ったついでに頭も洗える、夏に涼しげなど、メリットのほうが多いくらいだ。子どもにとってもハゲ頭は、ユルキャラと同一視されやすく、愛されキャラクターになれる、という。

百本譲って、じゃなかった百歩譲って、ハゲる現象を劣化ととらえても、それを悔恨するより、見切りをつけられる人に、勝利の女神は失笑する。ハゲ（フリー素材）を操らせれば、正しくシニアの向かうところ敵なし。コンプレックスの有効活用、成功事例といえる。

本人が、心おきなく笑えていると、周囲も気を使わなくて済む。逆に、隠しているとわかれば、余計な気を遣う。だから「つるっと、いっちゃってます」などと、おおらかでいよう。[*20] すでに毛の話題になると、チャンス到来とばかりに自ら割って入り「頭部シー・スルー」や「バーコード」と、笑いに変えている御仁も少なくない。

再生医療の進歩で、禿げていられるのも、あと十年限りとの噂がある。なんと将来は、希望すればシニア全員、フサフサの髪になれるらしい。そんな日が来る前の、稀少・絶滅種としても、残されたハゲとの歳月を思い切り楽しもう。

## シニアは嘲笑されているか

今まで散々、「笑ってもらおう・あげよう」と述べてきた。しかしこのまま、目をつぶって済ますわけにはいかないことがある。それは笑いには、ダークサイドがあるという事実である。

テレビの番組で考えてみれば、視聴率が高いのは、不祥事に対する謝罪会見であったりする。つまり私たちには、野次馬根性なのか「しめしめ」「ざまあみろ」なのか、「人の不幸は蜜の味」と感じて、嘲笑する部分があるようだ。「ドッキリ」と呼ばれる番組もいわゆる、騙された相手がまんまと引っかかって、狼狽する姿を見て笑うものである。

「ドッキリ」ではないが、明石家さんまさんの「からくりテレビ」（TBS）という人気番組があったのをご存じだろうか。その中に「ご長寿早押しクイズ」と呼ばれる看板コーナーがあり、どちらかと言えば朴訥な雰囲気の年配者が、正しい回答より格段面白い、下ネタも辞さないカオス回答をして、視聴者の爆笑を獲得する〝からくり〟となっていた。

実際のやりとりとしては「〝ある日♬〜森の中♪…〟この後に、何に出会うのでしょう？」の質問に対する正解は「クマさん」であるが、シニアは「無口な看護婦」と回答する。「シンデレラがお城から一二時までに帰らなければならない理由は何でしょう？」の問いに対する正解は「魔法が解けるから」であるが、シニアの回答は「下痢気味」という具合である。

常識のある人なら発しない内容を口走っておきながら、素知らぬふりでいられる〝呆れたシニア〟を、視聴率を上げるためのお笑い草としてあてがうために、番組担当者が編集の際にわざと噛み合わない問答になるよう操作しているのでは、と「やらせ説」がネットに浮上したほどであった。
毎年のように、年末に特番が組まれて伝説のクイズコーナーが蘇っている。シニアが嗤笑されているのではないと信じつつ、念のため、二〇一八年の「爆笑！　明石家さんまのご長寿グランプリ」の様子から、皆様にジャッジしていただくとしよう。

問い：スペインにあるこの建物の名前は何でしょうか？（写真が示される）
正解は「サクラダファミリア」だが、ご長寿（男性）の回答は「さくらだ・じゅんこ」

問い：ギリシャ神話に登場するケンタウロス。上半身は人間ですが、下半身は何でしょうか？
正解は「馬」だが、ご長寿（女性）の回答は「ご立派」

## 清濁併せ持つ笑い・笑顔

物事に表裏があるように、笑いも良性ばかりでなく悪性の要素を含む、もう一つの顔を持っている。引き続き、笑いに水を差しておく必要がありそうだ。

一例として、「ぶどうが叫んでいる」など、あり得ないことを言えるのは、それが嘘かユーモアのどちらかの場合である。要するに嘘とユーモアは紙一重であり、ユーモアを配すると、人を担いでも、許される。[*21] ユーモアは、一端口から出たハラスメントやお下劣を、無かったことにする力にも優れている。「なんてね、冗談に決まってるだろ」と言えば、何を吐いても撤回できる。ユーモアに紛れれば、ルール違反が堂々とできてしまう。

笑顔に関しても、笑顔でかわすと言えば聞こえはいいが、まともな対応をしたくない時に微笑んでみせるなど、ごまかすために使える。[*9] また心からの笑顔ではなく、印象を良くするために顔面に張りつける、仮面としての笑顔も横行している。

元はと言えば、日本人は(凹凸の少ない）プレーン・フェイスのせいか、他国の人からストーン・フェイス（石のよう、表情が乏しい）と揶揄されていた。それがある時、一世を風靡した韓流スターが、上側の歯を八本見せて、ほっぺを(たこ焼きのように丸く)持ち上げ「微笑みの貴公子」の名を思いのままにした。またある時は、左右対称で完璧に作り上げられた「ハリウッド笑顔」が紹介され、笑顔をマニュアルにならって作るようになった。

このままだと誰もがが、皆同じような笑顔になってしまいそうである。はたして笑顔は、このように作り上げられたものであっていいのだろうか?

笑いや笑顔が、人間によって、利用されすぎている。すなわち乱用されている危険性が、指摘されるべきであろう。

## ユーモアの善用・悪用

近年「ユーモアはお金になる」との共通理解が進んでいる。実際、職場をユーモアで盛り上げてくれるような社員を有せることは「金のなる木」（無形の資産）である。[*22] なぜなら楽しい職場であることで、他の社員を含めて、会社への愛着が沸いてくる。仕事が辛くても働き甲斐を感じられる。しかも社内でユーモラスな社員は、社外でもユーモアを用いた交渉術で、活路を切り開いていけるだろう。

少し角度を変えて、営業マンと顧客の関係で考えてみる。面白い営業マンのトークを聞いてユーモアを感じた人は、その雰囲気を壊したくないと望み、ついその相手に合わせようとする。[*10]

ユーモアは、話者の人柄を保証するものではなく、話が面白いことと、その人が薦める商品の質は、必ずしも相関しない。そうとは知りながらつい、面白い・楽しいというイメージに惑わされて、気づけば出された条件に同調しやすい（購入してしまう）傾向にある。[*10] すなわち、この時点でユーモアは、消費者の正当な判断を鈍らせるために暗躍してしまう。

ユーモアが悪用される例は尽きない。一人暮らしのシニアが、もう着る・使う機会はないであろう高級な和服や、高価な布団を、何枚も買わされて、押し入れの中にしまい込んでいる。詐欺や悪徳商法に騙されないテクニックを身につけるための予防セミナーに、高額を支払って通っている人もいる。

## 面白いCMの狙い

パリコレに参加するような、あえてニコリともしない、どちらかといえば無表情を貫くことによって「その他大勢」と交わることを避けるブランドがある。しかしそれはごく一部の存在であり、誰もが追随できない。

一般向けには、ユーモア・笑いが非常に多くのCMに用いられている。このような現象は、ユーモアの悪用ではないが、CMはもはや「オモシロ狙い」が当たり前になりつつある。

なぜなら世の中にモノがあり余っている現代、いくら優れた物を作ろうと、一流ブランドでもない限り、なかなか買ってもらえない。激しい生存競争の中、自らのビジネスが選ばれるために、消費者や顧客に、面白そうと感じてもらえることが、とっ掛かりになる。

会社（の商品）のイメージを、面白さで好感度に関連づけられれば、購買意欲（消費行動）の喚起に期待できる。「あれみた？」と話題になれば、浸透率も上げられる。

ユーモアにお金を動かす力がなければ、振り向かれることもないのだが、このようにユーモアが人に物を買わせる力を有することで標的にされ、利用してやろうという悪知恵が働く。悪用してしまえ、と魔が差す時もあるのだろう。

可能性と危険性はまるで「抱き合わせ商法」のようでもあり、ユーモアは巡り巡っているうちに、良性にも悪性にもなっていく。それが競争社会に生きる私たちの、避けて通れない現実であるようだ。

## 教育と笑い

教育の現場にも、笑いの及ぼす余波が広がっている。まず教員としては、笑う時に起こるα波（脳波）が記憶力を増加させる効果や、ユーモアというメモリーペグ（関連づけによる記憶法）などを活用しながら授業をしたいものだ。[*23] 実際、生徒・学生たちにとって、授業の本題は忘れ去られ、面白かった部分しか覚えてもらえていない気がする。

そもそもつまらない話は、聞かされている感じがして、聞く気が失せるが、面白い話には、聞くなと禁じられても、耳を澄ましてしまう魅力がある。両者の違いは歴然としている。

しかしたとえば、大学の授業評価に「つまらない」「死ね」などと書き込まれて、人前で話をする職業たる者、期待に応えるべきと自省しすぎる。「面白くしなければ」というプレッシャーで神経をすり減らす教員も出てくる。緊張緩和であるはずの笑いによって、脅迫観念へと追い詰められていくとすれば、気の毒と言わざるをえない。[*24]

生徒・学生同士にとっても、お互いが仲良くなれるためのインクルージョン（包含）であるはずのユーモアが、気づけば「面白くない＝ノリが悪いやつ」などと、仲間外れを作り出してしまう。真面目であることは決して悪いことではないのに、面白いなら加点、面白くないなら減点など、単純すぎる基準になってしまいやすい。[*25]

また自分がからかわれたり、いじめの対象にされそうになった時、自分以外の誰かを、身代わりとして、笑い者に貶めようとする展開もあるだろう。人間関係に融和をもたらすはずの笑いだが、反対に、それを隔てる妨げにもなっている。[*26]

学校のみならず社会全体で、まるで「面白くさえあればいい」かのように、不真面目な態度が甘やかされることに至っては、まったくもって正解ではない。しかし周りを見回せば、面白さ至上主義が威勢よく幅を利かせているようだ。

## 私たちにできること

巷間には、述べてきたほかにも、卑怯な笑いが山ほどある。それらは人間が持っている心の闇や残酷さを暴き出すものであり、人類が蔓延る以上、消えてなくなることはない。

だが、笑いを悪用するために使うのも人なら、そんなことのために笑いがあるのではないと気づけるのもまた人である。誰かを非難できる笑いは、返す刀で救済にもなる。何もわざわざ、誰かを貶めなくても、笑いは取れる。意地悪や峻別、そんなことのために、ユーモアがあるのではない。

良い笑い・悪い笑いがあるというより、それを使う人間に善悪がある。良い所と悪い所を持ち合わせる人間が、笑いを良い方向にも、悪い方向にも使うことができるのだ。

これらの事実を認めた上で、笑いの矢をいかに放つかを弁える余地が、私たちに残されている。[*27]

超高齢社会へ突入した今、マイナスを差し引いて余りある、プラスとなる笑いを学ぶことで、支援的ユーモア・友誼的ユーモアを使いこなせるようになっていきたい。とりわけ、時として茨の道にもなる、人生の晩年を彷徨するシニアにとって、叡智としての笑いを善用できるか否かは、大きな岐路になるであろう。

# 7

## 笑いの「しゃべくり部門」

### 漫才・落語・コントほか

## 職業になる笑い——万歳から漫才へ

世の中には、笑いを生業とするプロがいるが、彼らの創りだす笑いの芸(能)には、どのようなものがあるのだろうか。本章では、比較的「しゃべくる」タイプの笑い、そして次章では、それほど「しゃべらない」タイプの笑いに分けて、職業にもなる笑いについて紹介していく。しゃべくるタイプの笑いと聞いて思い浮かんでくるのは、漫才である。まずはその、足跡を振り返ってみよう。

漫才のルーツと思われる芸能は、奈良時代(七一〇―七八四年)に散楽(さんがく)として、唐(六一八―九〇七年)から伝来した。散楽の中には、軽業・曲芸・幻術・奇術・寸劇・物真似などが含まれており、日本における(大衆)芸能の起源になったと考えられる。七五二年には聖武天皇の命により、東大寺大仏開眼供として、「唐散楽一舞」と称する一大イベントが奉納された記録がある。

一三世紀中頃には、年の始め、民間に招かれて家内安全や商売繁盛の祈念をして回る祝福芸人たちが現れた。身分の高い邸を伺候(しこう)することもあり(千年万年の祝いの言葉を奏す)千秋万歳(せんずまんざい)と呼ばれた。[*1] 演者になったのは、逃散農民など下層民が中心であり、褒美に米銭を与えられていた。典型的な特徴としては、風折烏帽子(かざおりえぼし)に素襖(すおう)を着て、一人が腰鼓、もう一人が大きな袋を持った二人組であった。袋の中には張扇(ハリセン:たたいても痛くないが大きな音がでる扇子)が入っていた。[*2]

二人組の内訳は、笑わせ役の才蔵（鼓で伴奏しながら滑稽なしぐさや洒落言葉で盛り上げる）と、真面目役の太夫（扇を広げて舞い・歌いながら寿ぐ）であり、今で言うボケと突っ込みの掛け合い（太夫が才蔵をハリセンでたしなめる）に酷似していた。

江戸時代になると、徳川家康が三河（愛知）の出身であることから、三河万歳が幕府の保護を受け、正月は江戸城に出演を許可されるようになった。三河万歳以外にも、活躍の場や出身地により大和万歳・尾張万歳・伊予万歳・加賀万歳などが、続々と出回った。[*3]

万歳は、祝福芸に始まり祝福芸に留まらず、滑稽で笑わせる身振りつきしゃべくり芸として、民衆に親しまれた。合間になぞかけや数え唄なども行われて、人気エンターテインメントへと成長を遂げた。

「漫才」と表記されるようになったのは、昭和になってからである。吉本興業の宣伝部門が営業品目の一つとして使い始めて広まり、浸透した。

## ボケと突っ込みのメカニズム

漫才における役割は基本、ボケ（アホを演じる）と突っ込み（ボケをいじる）に分けられる。それぞれが役割を果たすことで、ひとりでしゃべる以上に話を盛り上げられる。[*4] その仕組みについて、覗いてみよう。

まずボケは、何も起こっていない順調なところで、わざと脇に逸れる、もしくは期待されたとおりに振舞わない。たとえばクリームシチューの上田晋也さんが熱く語っている時に、その話題をぶった切って、まったく別の、違う話に持っていくのは、相方の有田哲平さんが得意とする、スカしボケである。

このように比較的はっきりしたボケがあれば、うっすらかする程度もある。またボケがアホ役でありながら、爆笑問題の太田光さんのように、批評性が濃い場合もある。[*5]

一般的には、ボケのほうが発想豊かで、面白い人と思われやすい。確かにボケには創造する能力が必要であり、天賦の才に因るところが大きそうに見える。

突っ込みなら「凡人にもできそう」と、軽く見られがちなのは従来、ボケを訝って「何でやねん」と合いの手を入れたり、最後に「いい加減にしろ」と叱って漫才を終わらせるなど、役割がパターン化されていた経緯があるせいだろう。しかし浅いように見えて相当深いのが、突っ込みの役割である。

実際に、ネタを突っ込みが書いているコンビも多い。「本日はどうもありがとうございました、大島さん」などと、周囲からボケをふってもらい、「大島じゃねぇよ。児島だよ!」など、自身(アンジャッシュ・児島一哉さん)で突っ込む展開もある。

人数が多い状況では、突っ込みが全体の雰囲気を先読みした上で、相方のために話題の布石を置いて、ボケのきっかけを作る。[*6]また、ひねりが足りないなど、笑いになりきらないボケを拾って、すくい上げる。ここが面白いところです、とマーカーを引いてあげることで、わかりにくいボケの後処理を行う。その際に、単に言い直すのではなく、別の表現に喩え直すなど、巧みな編集を施しながら、次の笑いへ誘導する。

実際に観客が笑っているのは、ボケのところではなく、突っ込みのところである場合も多く[*7]、フォローしてあげたり、サラッと空気を変えることが、笑う合図になっている。

突っ込みというストッパーがしっかり効いていると、ボケがすべることを恐れず、安心して脱線できる。逆に、突っ込みが素早く反応できないと、ボケが単なる「変なことをしてるだけの人」になってしまう[*8]。すなわちボケを活かすも殺すも、突っ込み次第と言える。

## 漫才コミュニケーション

私たちの日常会話では、相手の話を否定することはめったにない。相手を傷つけないために、基本的に同意することで交流している。

そこで突っ込みも、最初から相方のボケを否定するのではなく「へーそうか！　で、何でそうなるの？」「そうそう、わかる…って、違うでしょ」など、一旦ボケに乗っかって、膨らましてあげた後で言い直す。このような方法は、乗り突っ込みと呼ばれる[*9]。

さらには、まったく否定せず、なんとしても肯定する。ペコパの松陰寺太勇さんのような、つっこまない突っ込み、もある。いずれにしても、どのような掛け合いになっているか、例を見てみよう。

Ａ：お父さん、娘さんを僕にください。
Ｂ：娘はやらん。
Ａ：あ、そうですか。残念でした。
Ｂ：あきらめ早いだろ。

ボケ（Ａ）の面白さは、諦めてはいけない肝心なところで、あっさり諦めてしまうところにある。突っ込み（Ｂ）が、（Ａ）の話に乗っかりながらもズレを指摘している。反対に、諦めが肝心なところで、諦め切れずに執着しすぎる設定でも、笑いになるだろう。

Ａ：僕、虫歯なんか一本もない。
Ｂ：全部、入れ歯か？
Ａ：こう見えても今年六〇歳だよ。
Ｂ：孫が？[*10]

こちらは、Aがネタを振ったのに対してBがボケ突っ込み（ボケが突っ込みにもなる）をして、話を面白く切り返している。ほかに、両者ともボケであったり、漫才中にボケとツッコミが入れ替わるような展開もある。

## 海外と日本

海外（英語圏）で、日本の漫才に一番近いと思えるのは、スタンダップ・コメディである。漫才との最大の違いは、スタンダップ・コメディが一人漫談であること。ひとりが延々としゃべる中で、ひねくれたことや上手いことを言う。[*7]

かつては、日本のような二人組の漫才（ダブルアクト）があった。ボケはコメディアン、突っ込みはストレートマンと呼ばれて、ぽっちゃりと痩せや、のっぽとチビなど、いわゆる凸凹コンビであった。[*7]

ダウンタウンの松本人志さんに「大阪ラリア人」と言われたオーストラリア出身の芸人、チャドさんによると、海外では笑い効果音（ラフ・トラック）が、突っ込みの役目に近い。見聞している側が、細かいボケをスルーしてしまいそうな時に、「笑い声」のキューが出て笑うところを気づかせる。[*7]

笑いは、あくびのように、ヒトからヒトへと乗り移りやすい。一度発生すると次々に「笑いが笑いを呼ぶ」ドミノ現象を利用した、笑いを持続させる装置でもある。

ところで日本で「どつき漫才」と呼ばれる、頭をひっぱたくようなスタイルが、英語圏では、まずない。どんな状況であれ、彼らは叩かれる行為に反射的に嫌悪感を覚える。[*7] 確かに観ている私たちも、叩かれた人が（若い時は大丈夫でも）後々、頭の病気になってしまうのではないかと、心配になる。

「どつき」に近いもので、スラップスティック・コメディがある。スラップスティックの本来の意味は、叩く・突くであるが、同じ動作の繰り返し・舞台上での転倒など、総じて派手なアクションを指す。漫才というより喜劇であり、日本で言うアチャラカ（どたばた劇）にも似ている。また海外で、コメディアン・コメディンヌと称される人たちは、個性的で実力のある喜劇派俳優を指す。本人たちにもプライドがある。

日本では、お笑い芸人や女芸人という呼ばれ方がある。彼らの名誉のために述べると本来、お笑いは「御笑い」と表記されていた。[*8] 昔、滑稽なことをぺらぺらしゃべることは「利口」と呼ばれていた。[*1]

現代になり、お笑い芸人は、その奮闘ぶりから「お笑い怪獣」と呼ばれることがある。冠番組を持って司会をしたり、情報番組のコメンテーターも務めるようになった。さらには役者として、NHKの大河ドラマ・朝ドラにも続々と登場し、目を見張る演技力で視聴者を魅了している。このような躍進は、お笑い芸人から個性派俳優への第一歩と呼べるだろう。

## 面白くない突っ込み

「一億総つっこみ」という表現がある。残念ながらこう言われる時は、漫才における突っ込みと異なり、ユーモア性が乏しい。強いて言えば「切れ突っ込み」であり、非常に多数の日本人が吐き出しているものである。

今や、あらゆる失言・失態に対して（たとえそれが取るに足らないほど微少であっても気になるようで）あらゆる人が批判する。何を見ても、突っ込みどころ満載と感じる人が一億人いて、笑いに変えてあげるのではなく、攻撃的な突っ込みを発射する。[*11]

ヨーロッパで、評論家という職業が、必ずしも尊敬の対象ではない中で、日本では誰もがなったつもりの評論家、別称ネガティブ・チェッカー。誰かを冷笑するのはたやすく、誰もがこの道では達者になれる。しかし問題は、この種の突っ込みを続けていても、人生は面白くならない、どころかますます、空しくなりそうなことである。[*11] だから本当は、誰かの悪いところではなく、誰かの面白いところが、目に入ってきて仕方ないタイプのほうがいい。

現実の渡る世間には、天然性のボケ力を備えている人が、相当数いる。突っ込み役になって、この才能を持つ相手を、上手く滑らせてあげられれば、日常に起こりがちなギクシャクを、少しなりとも軽減できる気がする。反対に、周囲に受け止めてあげる素地がないと、いくらその人が天然ボケを発揮しても、誰も突っ込んであげない「ボケ殺し」の状態になってしまう。

ボケや突っ込みは、お笑いの世界で、漫才師が行う話芸だと、私たちはとらえがちだが、普通の人もボケと突っ込みの機序を取り入れることで、よりよいコミュニケーションができるのではないだろうか。

## 恋愛にもユーモア

ボケと突っ込み風の掛け合いは、対話における疑問符・感嘆符を増やして、盛り上げる。よって、これを制する者は、コミュニケーションを制する、と言い放つのは言い過ぎだろうか。こうなったらいっそ、とことん言い過ぎて、ユーモア・コミュニケーションは人生を制する、へと訂正させてもらおう。

漫才以外に、ユーモア・コミュニケーションが活かせそうな場面といえば、恋愛である。漫才の話からは、多少離れることになるが、この辺りで道草を食ってみよう。

恋愛において、ネガティブ・チェッカーのようなチャチャの入れ方では、相手を幸せにできない。一方で、ささやかなユーモアを活用することはもはや、正攻法といえる。

悪いんだけど、ひとりだけ目立ってる
まじでごめん、かわい過ぎる（かっこよ過ぎる）

これは、前半で下げて後半で上げる、一種の奇先法(52頁)である。攻めすぎず、発言した後はさりげなく、知らんふりをしているくらいの「とぼけた」感じが愛嬌になる。とぼけ過ぎだったのは、俳優の加藤雅也さんで「お付き合いを前提に結婚してください」と告白をした話は、スプーナリズム(108頁)の逸話となっている。

「プロポーズの言葉コンテスト」にも、毎年のようにユーモラスな求婚こぼれ話が寄せられている。[*12] 中を覗いてみると「結婚記念日は、何月何日にしたい?」と彼氏から聞かれて、不意打ちを食らった彼女。「この指止まれ」方式で、「僕のお嫁さんになる人〜!?」と彼氏に募集をかけられて、指に止まった彼女などが紹介されている。

ここまでくると、結婚後も気になる。たとえば、夫婦で外食することになって、妻が身支度に時間がかかっている様子、その時!

いったい、いつまで待たせるんだ!

それ以上綺麗になってどうする?[*13]

やや大きな声で怒鳴るふりをした後に、ぽろっと放つ愛情に満ちた言葉。相変わらず、何年経っても、奇先法なら使い回しができるようだ。

ユーモアは夫婦げんかを防ぐワザとしても、最有力であると思われる。言って減るものでなし、これしきで相手の機嫌が悪くなるのを防げるなら御の字。しかも使っているのはお世辞や嘘ではない、ユーモアのセンスである。

しょせん毛量や美貌には、有効期限があり、いつまでも結婚当時と同じにキープできない。お金にしても、いつ何時、失ってしまうかわからない、心許ないものである。

それよりほんの少し、ファニーな人であるほうが、魅力としては長持ちする。熟年になっても、小さなステキを自分たちのユーモアで何倍にもできるような、そんなコンビの夫婦は理想的と言えるだろう。

## 上司と部下にもユーモア

夫婦以外の間柄として、上司と部下についても考えてみよう。上司であれば注意しなければならない時がある。さっそく、部下が会議に遅刻してきたとして…。

上司：（会議が終わって）今日、どうしたんだ？
部下：すみません。寝坊しました。
上司：もっと気持ちを引き締めろよ。自分の立場わかってるのか。

部下：すみませんでした。気をつけます。
上司：お前の意見が会社を良くするんだぞ。[*14]

実は、これも相手の意表を突くという意味で奇先法である。奇先法いかにも強し、笑い技法の筆頭と称されるだけある。とりあえず単独でも、いろいろなシーンで活用できそうだ。

言いたいことを真面目に伝えると、いくら本当でも（本当であればあるほど）むかつかれてしまいがちである。そこで、ユーモアでソフト加工する。事態を穏便に収めたいと願う私たちであるから、言い方によっては角が立つことを、ユーモアというひと手間をかけて柔らかく伝えられれば、受け取る側の反感を減らせる。そして相手が、大切なことに気づかせてもらえたと感じれば、言いたいことを言わせてもらった上に、信頼される。ユーモア修辞法は、格好良さにもなる。

コミュニケーション学やマナー学では「褒める」を推奨している。「新人と呼ばれて伸びる古希の腰」と、川柳にも詠まれているように、ちょっと「よいしょ」されるだけで、腰まで伸びるとなれば、確かに「褒める」は有力である。[*15]

しかし褒める必要がないレベルであるにもかかわらず、何から何まで褒める「褒めニュケーション」の弊害も出ている。ちょっと注意されただけで、心が折れてしまうほど、褒められる以外の意見を受け入れられない、偏った感性を持つ人が急増しているのである。

「注意するのは当人の前、褒める時はその人のいないところ」が、美徳であったはずが、いつの間にか逆転して、本当のことは、影に隠れてしか言えない社会が出来上がりつつある。

だから褒めるだけより、ユーモア・コミュニケーション。相手を「褒めて」より、相手のために自分が「ボケて」伸ばしてあげることができる。

## 可愛いおばあちゃんになりたい願望

言いたいことが言えないのは、相手を気づかっているからではなく、自分を守っている場合もある。[*16] 坂東眞理子さんは「可愛いおばあちゃん願望」について「ひとからよく思われたいと願う」「他者から好意、好感、敬意を得たいと気にする。見る側からすると、うっとうしい」と述べている。[*17]

確かに、高齢女性が言いたいことも言わずに我慢しているきらいがあるようだ。しかし静かに辛抱している弱者が優しくされるほど、社会は甘くない。弱者になってみていいことなど何もない。無理を押しつけられる対象となるのが関の山であろう。

そんな末路を辿る、可愛いおばあちゃんになるより、面白いばばあ、になる。単なる庇護の対象ではなく「人を笑わせる」というサービスが提供できる人物になることで「この人は必要以上の大声や、幼児語で話しかけたり、無下に扱える人ではない」と周囲が悟る。

高齢の女性たちが若かった頃、しっかりして強い、自立できるタイプの女性は、どちらかと言えばモテなかった。しかしシニアになって状況は変わる。弱くて自立していない高齢女性が以前のようにモテる、とは限らない。

シニアになったら、もう猫の皮をかぶらなくていい、ドスの効いた地声を出してもいい。鷹の爪むき出しの肉食系女丈夫、逞しい女傑になろう。

高齢男性も同様である。目指すべきは、相手を思って、言いづらいことも伝えてあげる、そのことでハートを鷲掴む。時と場合によっては、激辛のボケや突っ込みを入れられる、物申す爺さんである。

## 婆ちゃんコント

漫才の話題から、またしても閑話。迂路に入ってしまったが、どうか、脱線トリビアのほうが本編より面白い、と言われている通説に免じて、勘弁していただくことにする。

気分一新、紹介しておきたい二人組がいる。石川県を中心に活動中の劇団花幸会・座長の御供田幸子さんと団員の浪速千秋さんである。二人は、地元の民放テレビ局にも、毎週レギュラーで出演する、石川県の有名人、ご当地シニア・アイドルである。県内のお祭り、老人会の出し物、福祉センターなどに、その都度呼ばれて参上する。

依頼が集まる人気の演目として、「婆ちゃんコント」がある。婆ちゃんのカツラをかぶり、腰を曲げてカートを押して登場した後、杖をついて歩いてみたり、座って休んでみたりしながらのコントである。

鉄板ネタは、嫁姑・夫婦のトラブルや高齢者医療の落とし穴など、お年寄り「あるある」[*18]。ばりばりの金沢弁で「選ぶとすれば、国民年金もろとるじじいより厚生年金もろとるじじいのほうがええ」などと容赦ない[*19]。

本来コントは、事前から衣装・小道具が整えられ、準備された舞台があり、すでに練られた台本に従い、役になりきる芝居仕立てになっている[*6]。しかし彼女たちの場合は時々、台本から外れて、自らの素を露わにしてアドリブを入れる。演者ではなく本人として舞台に立っているところは、コントと呼ばれているが、漫才にもなっている。ご当地に留まらぬ国民的シニア・アイドルへ、これからの活躍が楽しみである。

## 落語

漫才・コントに続く、しゃべくり芸として、次に落語について触れていこう。

落語のつかみ（冒頭）は、枕とよばれる小話で始まる。お終いには、落語だけに「落ちつくところ」がある。オチと言っても、西洋のハッピーエンディング（めでたしの二乗）とは様子が異なる。オチがどこだったか、何だったのか、わからないぐらい控えめな「ずっこけ」の着地である。

噺を終えて、高座を降りる時の決まり文句は「お後がよろしいようで」。その意味は「(話の)落ちが付きました」、「次の人の準備ができたようなので、これにて失礼します」もしくは「(あたしより)この後の出演者がいいようです」と、いくつかある。

落語が座って演じる理由は、六代目桂文枝師匠いわく、座っている様子のほかに寝ている様子など、どんな体勢でも雰囲気を出しやすいから。[*7] 対して、漫才では立っているほうが、相方を突き飛ばしたり張り合う時に、大きく動ける。

また漫才師になるためにはスクールがある(4頁)が、落語では昔ながらに、師匠へ弟子入りする。その後、前座になると寄席の開演直前に演じられるようになる。「じゅげむ」(口跡を良くする練習用のネタ)や「長短」(登場人物は二人だけで、性格動作がまったく違うので演じやすい)などを披露させてもらう。

前座の期間は、まだプロではなく、楽屋で落語家の脱いだ着物をたたんだり、お茶出しをする。会場では太鼓を打ったり、めくりをめくる。

二つ目に昇格すると呼び方が「さんづけ」になり、プロ・デビューできたことになる。前座の時にもらった名前を、そのまま使う人もいるが、改名してもよい。[*20]

真打(寄席の主任・とり)になると、弟子を取れる(師匠になる)。一度なれたら、定年はなく、死ぬまで真打・師匠と呼ばれる。演じられる持ちネタの数は、おのおの多少の違いはあるが、二つ目は太鼓と五〇席ほどで、真打は歌と踊りと一〇〇席ほどである。

コントとの違いを述べるなら、落語家は舞台装置を極力使わないので、環境を選ばない。身体一つで、彼（女）らが行くところなら何処でもできる。

使うのは、胸元に忍ばせている扇子・手拭いぐらいで、しかもそれらを本来の用途で使わず、別のものに見立てる。たとえば扇子は、たばこを吸う時のキセル、蕎麦を食べる時の箸、字を書くときの筆、立ち振る舞う時の刀、船を漕ぐときの櫓として使う。扇子の木の部分で、ドアのノック音を出すこともある。

手拭いは、財布・たばこ入れ、広げて手紙や本に見立てられる。新作落語では、石焼イモやポテトチップスの袋などとしても使われる。*20

ところで新作落語（創作落語）とは、大正以降、現在までにつくられた落語のことで、落語家の自作自演である。対して古典落語（明治以前につくられた）はもともと中国伝来と考えられる。作者不明の話を、聞いた人が語ってみるようになり、皆のものとして語り伝えられている。*20

## 話の種類と設定

古典落語において、話の筋は主に四種に分けられる。まず「落とし噺」は、いわゆる笑い話で、頓智やなぞなぞを交えた説法であることが多い。

「人情噺」は心動かされる話で、「芝浜」「文七元結（ぶんしちもっとい）」など、笑いというより涙を誘う。「廓噺」

は恋にまつわる話で「品川心中」「居残り佐平次」など。そして「怪談噺」はホラーであり「お菊の皿」「お化け長屋」などがよく知られている。

設定（場面）となるのは、長屋や御店（おたな）であろう。長屋暮らしの面々としては、間抜けな与太郎、おひとよしの甚兵衛、おっちょこちょい（粗忽）のはっつあん（八五郎）、そして酒好き・乱暴者なら熊さん（熊五郎）。御店には、若だんな（こすっからさのない善人）・おかみさん（太っ腹）・ご隠居（ご意見番）・若い丁稚（定吉）・田舎者（権助）などが登場する。

寺の和尚と小僧の出番も多いが、それぞれ知恵が冴えるインテリもしくはインチキ、純情もしくは生意気など、ある程度、相場が決まった登場の仕方である。その他、キャラクターの濃い登場人物としては、見栄っぱり・強情・太鼓持ち・常識はずれ・恥さらし・小言ばかりを言う人などがいる。[*21]

小言とくれば「小言念仏」という話がある。亭主があまりにも文句を言うので、家人が発起して、小言の原因になるものを先回りしてつぶしていく。すると亭主は小言が言えないことに小言を言う。[*22] 主人のキャラが「今時の人」なので新作かと思ったら、古典である。時代は変われど、人間は大して変わっていないと気づかされるのが、落語である。

## 落語の奥深さ

落語では、とるにたらない雑魚な俗人が、主役になる。そのことで聞き手にも当てはまり、ふと気づける。落語には、どんな人にもありがちな憎み切れない性向や癖などを語り伝えて、素直に改心してもらう狙いがある。

情報偏重の現代、まだ知らないものに価値があると感じ、「もう知っている」と関心を持ってもらうことが難しい。未知の情報＝貴重な情報、の方程式がまかり通っている。そのような中、お決まりの登場人物が予定調和をなぞる落語。しかも落ちまでわかっているとなれば、普通なら「その話、聞いたことある」と相手にされない。新作落語以外は「ネタばれ」の状態であり、しかも暗記して語るだけ、と思っている人もいるだろう。

ならば落語の魅力とは、一体何なのだろう？　思い出すのはマザー・テレサさんである。彼女の話は、同じとわかっていても、何回も聞きたい、と言われている。その理由は落語も然り、人の道を諭す「ありがたい話」「深いいい話」であるから。それは、原風景を思い出させる懐かしさにも似て「そうだよね、そうこなくっちゃ」と、いい意味で初心に戻れるような話でもあるのだろう。

演者である話し手はあくまでも、聞き手にとっての世界を広げていく助けをする。与えすぎないことで、創造世界を奪わない。聞く側の心境によって一人ひとり、その都度、違う場面を思い描いてもらう。決して出過ぎたことはしない。

同じはずの話だが、演者によって、きらりと一瞬だけ放たれて光る個性がある。そのささやかさに気づける瞬間があると「通」になった気分になる。馴染みの客から「あの人のあの話が聴きたい」と指名が入り「この話はぜひともこの人に」と、名人が誕生する。

私たちは楽しい所・美味しい所へ行った時に「また来ようね」という。感銘を受けた対象には、一度経験したからもういい、ではなく「もっと」と、はまり込む。

落語には、映画にある爆発シーンのような、強烈な見せ場はない。音響といってもせいぜい打木・三味線・ラッパ。和服を着て、畳に座布団、おまけに正座となると、和式便所のイメージが付着しがちである。ウオッシュレット（お尻洗浄器）や音姫（トイレ用音消し装置）が付いていないだけでも、若者にとっては敷居が高く、近寄りがたい。

と思いきや彼らの中には、寄席という空間だけにも、どことない江戸情緒を感じ取ってくれる人がいる。三〇〇・四〇〇年の歴史を受け継ぐ〝日本ならではの洒落乙（「おっしゃれ」の倒語）〟が、一周回って「エモい」（若者言葉で、哀愁を帯びた様子、グッとくるの意）になるようだ。

## アマチュアを目指す

パラレル・キャリアや二つ目の肩書きを持つ人が多くなった。仕事に一途でも、もちろんいいのだが、落語もできる医師など、アマチュア落語家も増えている。また各人が人生のセカンド・チャプター（第2章）を楽しむ時世であるから、退職後にプロになってデビューする、シニア落語家も今後、増えることだろう。

いざ挑戦しようと思って落語を始めてみると、話し方を極めることの難しさに、新たに気づかされる。というのも落語は、何でも一人でこなす一人仕草であり、二人以上をかみしもを切ったり、首振りで演じ分ける。登場人物の違いを引き立たせたい時は、「さっさと片付けなさい！」（手を振り上げる、声を荒げる）など、身振りや口調で、同等の関係ではない様子を表現する。[*23]

間（溜め）の取り方一つにしても、簡単でない。それは、必要のないところでちょっと一息入れる、もしくはポーズを置くはずのところを詰めて話す、などの技巧をもって仕込まれている。[*24]

同時に、勢いやリズムに配慮するほかに、目配り・相づちなどを含めた物腰に精通する。できれば、形態摸写の技術も養う。結果、イメージを膨らませる情操力、大切なことを伝える表現力が、否応なしに培われる。

これらすべてを身に付けた上で、息をのむような緊張感と、舐められるような視線の前で、語る。度胸がつく、という段階の話ではない。話術を磨こうとして、アナウンス・スクールに通うのもいいが、落語を習うことでも実に、総合的な能力を磨いていけそうだ。

実際に、落語を通じて多くを学修できるとあって、法政大学や國學院大學など、「伝統芸能」の科目として開講している大学もある。落語家を招聘講師として招いている大学も、複数ある。

また神田外語大学・神奈川大学など、英語落語に取り組んでいるところもある。言われてみれば、国際親善において架け橋になりそうな英語落語だが、宗教によって、死の世界観に違いがあるため、話題には配慮が必要となる。また酒・たばこ・肉食（豚・牛）・博打が禁じられている国もあり、それらの話は控えるに限る。その点、ケチ話・怠け者の話であれば、世界が共感できそうである。[*25]

昔話や童謡など、かつては子どもから大人まで、誰もが知っている話や歌があった。これからは、老いも若きも、誰でも落語を一～二席、演じられるのが当たり前になるとしたら、日本人のコミュニケーション能力・パフォーマンス能力が上がるに違いない。

また落語が、カラオケに次ぐ国民的娯楽になれば、音痴でカラオケが恨めしかった人にとっては朗報である。語ることができれば、歌わなくて済む。

クラシック・バレエなどは、身体が硬くなった大人になって始めるには、ハンディが大きい。しかし落語（とくに小噺）なら、好きという気持ちがあれば、始められる。膝や股関節が痛いなら正座ではなく、椅子に座らせてもらおう。

しかも努力の成果を、周囲の人に聞いてもらい、喜ばれる。ならばもう「やってみるしかない」という気持ちになってきたのは、筆者だけだろうか。

気が変わる前に、気が早いが、先に名前を決めておこう。屋号としては三遊亭・春風亭・柳家・林家・桂・立川、の六門が名高い。

昔の三遊亭は酒を飲む、博打をうつ、女を買う。今は薬を飲む、点滴を打つ、墓を買う、の条件を満たしていれば名乗ってよい、と三遊亭圓楽さんが「笑点」で許可していた。しかし新参者なので、三遊亭を使わせてもらうには気が引ける、三流亭なら許してもらえそうだ。何事も「物は試し」、早速、定番小噺を練習してみよう。

ばかばなし：

「おい、与太、与太郎。ちょいと、こっちぃー来なよ」

「なんだい、お父っつあん」

「何だじゃーねー、お前のことを、世間では馬鹿だとか、間抜けだと言ってるんだ、そんなことでは、嫁の来手なんかありゃーしねーぞ、どうすんだ」

「ははは、大丈夫だよ、嫁の来手がなかったら、うちのお花と一緒になるよ」

「だから、おめーは、馬鹿だってんだ、お花といえば、ありゃ、お前の妹じゃねーか、兄妹同士で夫婦になる奴があるか」

「兄妹ぐらいなんだ、うちなんか、親同士で夫婦だ」

けちばなし：
「おい、定吉や、定吉。ちょいとこっちー来なさい」

「えー、お呼びでございますか」

「あー、お前ね、お隣に行って。釘を打つんだから金槌を借りてきなさい」

「へい、行ってまいりました」

「あー、で、どうだった、借りてきたか?」

「それが貸してくれないんです」

「ほー、どういうわけだい?」

「それが、金の釘を打つのか、木の釘を打つのかって聞かれましたから、金の釘を打つって言いましたら、金と金がぶつかると金槌が減るから貸せないって、そう言われました」

「ふん、なんてけちな奴なんだ。いーよ、借りるこたーないよ、家の出して使いな」

## 大喜利・あるあるネタ

落語の後に行われることの多い大喜利についても紹介しておこう。大喜利の面白さの基本は、出されたお題に対して、誰もが心の中で同調できそうな答えを返すところにある。たとえば…

お題：お化け屋敷なのに怖くない、その理由とは?
答え：お化けからなんとなくシャンプーの香り(京都府・日本三大コーヒーさん)

「せ〜の!」って聞こえてくる(東京都・オヤジの月給三〇円さん[*26])。

要するに「あるある」ネタなのだが、海外には「マーフィーの法則」がある。これはオハイオ州にある空軍研究所に勤務していた技師のエドワード・アロイシャス・マーフィーJr.(一九一八―一九九〇)大尉が考案した、人生の「あるある・不運編」黄金律である。よく知られているものとしては…

・ゴルフにおけるベストショットは、一人でプレーしているときに出る
・その日、髪のセットに費やした努力が大きいほど、その日風は強い[*27]

トクホの「からだすこやか茶W」(清涼飲料水、コカ・コーラ・ボトラーズジャパン)のCMに「美味しいものは脂肪と糖でできている」の文言があるが、マーフィーの法則に加えられそうである。転べば糞の上、泣きっ面に蜂などの諺も、発想は似ている。

タレントの泉谷しげるさんにも、最悪の事態が最悪のタイミングで訪れたらしい。それとは公式ブログによると、二〇一三年の大晦日。紅白本番の「出演する一時間前に差し入れのいなり寿司食べたら差し歯がヌケてしまい(笑)そのままヌケ顔で初出場だぁ! まぁオイラらしいかな[*28]」。

さすが「持ってる男」である。

「あるある」があるなら、当然「なしなし」もある。前述の大喜利であるが、実は「なしな

し」にもできる。

お題：おじいさまフレンドの鼻毛が出ています。さりげなく指摘してあげてください。

答え：「元気な鼻毛が出てます」と冗談ぽく、さわやかに指摘する（鼻毛も元気）。

「鼻から髪の毛が出てます」と言って、鼻毛と髪の毛の概念を混合させる。[*29]

こんな風には、とても言えそうにない「ありえなさ」が笑いを誘う。五月みどりさんが歌って大ヒットした昭和の歌謡曲「一週間に十日来い」や、天才バカボンの主題歌の歌詞にでてくる「西から登ったお日様が東へ沈む」。あるいは「豚肉のビーフシチュー」や「茶柱の立ってるコーヒー」も、同類の可笑しさである。

「豆腐にかぶりついて、歯を折れ」や「豆腐の角に頭ぶつけて死ね」も「ありえない」が前提となっているから、本心ではそうなってほしくないと願いながら、毒ついていることがわかる。可愛げのある罵詈雑言である。

# 8

## 笑いの「サイレント部門」
### パントマイム・物真似・手品ほか

# パントマイム

「しゃべくり」中心ではない、あるいはほとんどしゃべらない、笑いがある。中でもパントマイムは、非常に長い歴史を持つジャンルである。

パントマイムの語源は、古代ギリシャのパント（pantos：色々な・総合的な）と、マイモス（mimos：真似をする）。[*1] 実際はその場に存在しないのに、真似をすることで、見ている人の目前に蘇がえらせる。体現できるはずがないと思われていた喜怒哀楽にも、形を与える。専門の演技者はパントマイミスト、マイムアーティストと称されている。

エジプトの書物に、ギリシャのドーリア時代（紀元前一一〇〇年頃）、アンドロニコスという役者が唖になり、持ち役を身体表現で演じたという記録がある。しゃべれないハンディを見せ場へ転じ、他者が容易にはできない技術を、自分のものにすることで職業として認められるようになったようである。[*1]

中世になり、ヨーロッパの大司教や王侯貴族の宮殿には、たいていパントマイムに長けた道化師（クラウン）が雇われており、お抱えの道化師を有せることは当時、一種のステイタスであった。[*2] なるほどトランプのキングとクィーンは、宮廷の王と女王を描いた絵柄であり、その中のジョーカーは、どうやら宮廷道化師を表している。

ルネッサンス期には、イタリアを始めとする旅芸人が、ヨーロッパ全土を放浪しながら道化芝居や大道芸を行っていたが、ヨーロッパに憚る異言語の壁を乗り越えるための交歓ツールとしても、パントマイムの技法は洗練されていった。音楽が入っていても、言葉が入っていないのであれば「非言語」、言語も音もない場合は「サイレント」と呼ばれる。

一八世紀になって、現在の道化師のイメージ（顔に仮面をつけているもしくは白塗り）である、とぼけたキャラクターが定着した。しかし中には、頬を伝う涙が描かれたメイクもある。それは過去に、奇形や障がいを持ちながら演じたパントマイミストを、周囲が指をさして、手を打って笑っていた、負の歴史を包括している表情と言えるだろう。

誤解のないように付け加えておくと、たとえばサーカスで、演技を披露するクラウンは現在、海外で名分のある仕事である。彼らこそは一座の中で一番給料が高かったり、リングマスターやオーナーである場合が多い。[*3] 綱渡りの名手や猛獣使いと異なり、演者と観客のつなぎ役のクラウンは、他のメンバーとは違う立場で全体を束ね、唯一の働きをしている。すなわちクラウンとは、誰にも代役が務まらない、代えのきかないキーマンを指す。よって「おまえはクラウンだ！」と言われることは非常に高い評価であり、褒め言葉として受け止められている。[*3]

それにしても、私たちは余りにも言葉を信じているようだ。笑いの職種と聞いても、思い浮かべるのは、テレビを始めとするメディアを賑やかにするしゃべくり芸である。日常においても、口数の少ない人は口から先に生まれたような人より損をする。「沈黙は金」どころか、口あればこそ成り立つ饒舌の文化が隆盛している。

「オブラートで包む」から「歯に絹着せない」まで、人は人の言葉に扇動される。弁解しすぎている、批判しすぎている、そのことに慣れすぎている。

だからパントマイムは問いかけてくる。本来、信じていいものは、言葉ではなく行動なのでは？　言わなきゃ伝わらない、のではなく、言うだけだから伝わらないのでは？　長々と語るより強く、深く伝えられる、それは語り過ぎないことによって、だと！

何でも楽で便利なほうがいいと考えたくなるが、あえてたやすい手法をとらないことで、芸術になる。面倒くさそうなことを、ワザワザやるのがワザ。普通のことを普通にするだけでは伝えられないメッセージを紡ぎ出せる。

言葉で述べれば、それ以上でも以下でもない、その言葉になる。しかしパントマイムは体現によって、喋っていないことを忘れさせる。顔の表情・身の振りなどを見ながら、観客がそれぞれに抱いているイメージを広げて解釈ができることは、落語との共通点であろう。

ところで面白い所作として、欧米人がふざけたりやらかした後に、両肩をすぼめ前腕をサイドに広げて、変顔をつくってみせることがある。この時、ポーズを決めて一瞬止まる。これは、一種の笑い待ちの「留め」であり「ここで笑って」の合図である。[*4]

ダンスにおいても、踊っている最中より、止まった時がピクチャー・ポーズと言われる。郷ひろみさんのジャケット・プレーも、足を高く上げてターンしたと思いきや突然、着ているジャケットを両肩から外して脱ぎかけ、そしてついに一瞬静止する。

歌舞伎役者・市川海老蔵さんが切る見得も、メン玉をぐいぐいっと動かした後、静止する。その時がシャッター・チャンスでもある。すなわち「動」の最高潮とは、その前後の「溜め」で熟成される。魅せたい時には、大きく動きまわりたいところだが、逆に動かずに止まるとは、いかにも一本取られた気分になる決めワザである。

今後、さらなるグローバル社会になれば、しゃべらないからこそ、いかなる言語の話者にも通じるパントマイムのような表現方法を、ある程度身につけているのがプロトコール（国際儀礼）になる可能性がある。パントマイムは声が出せない、相手まで声が届かないような緊急事態にも通じあえるコミュニケーションでもあり、だとすると世界共通語（リンガフランカ）にもなりうる。現に近年、眼にするようになった、非常出口や車椅子用駐車スペースを示すピクトグラフ（pictograph：視覚記号）も、それぞれ象徴的な体勢を、一シーンとして切り取った図案となっている。

## 喜劇王・チャップリン

二〇世紀、世界の人気者になったパントマイミストといえばチャールズ・チャップリン（一八八九―一九七七）である。英・ロンドン生まれのチャップリンは、一歳で両親が離婚、七歳で母が精神に異常をきたして、施設に収容された。孤児学校を渡り歩き、生活のために床屋・印刷工・新聞の売り子などをしながら俳優の道を目指すようになる。

一六二センチと恵まれない体格であったが、容姿が極端に悪いとは言えない。二枚目役・悪役のどっちつかず、生い立ちも「売り」になるほど悲惨ではない、中途半端であった。先天的にも後天的にも、飛び抜けた特徴がない、いわゆる「とりとめのない」男が、「途方もない」世界のチャップリンという地位に上り詰めるべく、彼をたきつけたエンジンは、劣等コンプレックス（130章）であり、彼が救いを求めた先がマイムであった。

スターになる柄ではなかったチャップリンは、見てくれる客に笑ってもらえる道化を演じる道を選んだ。巡業中にスカウトされたアメリカで、仕草芸であるパントマイムなら、英国のアクセントも封印できた。

窮屈そうな上着、だぶだぶのズボン、ドタ靴でガニ股のひよこ歩き。ところが頭には山高帽子をかぶり、手にはスティックを持って紳士を装うという支離滅裂な着こなし。すべてがアン・バランスであることによるハイ・コントラストは、撞着（61頁）による可笑しさの演出であった。コスチューム・プレイでもあったこの格好は、今や世界中の人がシルエットだけでチャップリンとわかる、喜劇王のトレードマークとなっている。

## ホスピタル・クラウン

パッチ・アダムス医師（米、一九四五—）についても紹介しておきたい。アダムス医師の半生は、ロビン・ウィリアムス主演により映画化もされた。笑いの効果を、治療に生かそうと考えた第一人者である。

一九六〇年代末、アダムス医師は自らがクラウンになることで、ホスピタル・クラウン（病院を訪れてケアに当たる道化師）の活動を開始させた。夢は〝道化師のいない（それでも皆が笑っている）世の中〟であった。

一九八六年には、医療従事者が面白い出で立ちをして道化を演じるクラウン・ドクターの育成が本格的に開始された。彼らの活躍を通じて「病に苦しむ人こそ笑いが必要」と考えるユーモア療法（14頁）が、次第に国外でも広く認識されるようになった。

アメリカでは、ホスピタル・クラウンやクラウン・ドクターと称されるのに対して、ヨーロッパでは「クリニック」（診療所）と「クラウン」を合わせて、クリニクラウンと称される。

一九九三年、オランダで発足したクリニクラウン・オランダ財団は、国民に支持されているといえる。というのも慈善団体の中で寄付の多さは屈指であり、寄付金による年間活動資金は六〇〇万ユーロ（約八億二千万円）に及ぶ。約六〇人のクラウンが所属している。[*5]

日本には二〇〇五年、オランダのクリニクラウン財団と連携するNPO法人・日本クリニクラウン協会（大阪府大阪市）が設立された。協会のHPによると、二〇一九年度の活動実績として、北海道から沖縄まで四八の病院へ二八八回訪問し、九、五八八名の子どもたちとの交流を果たした。所属するクラウンは二六名で、派遣数にすると延べ五七六名になる。[*6]

このようなクラウンの出現で「患者や医師は、治療に専念すればいい」や「病院ではふざけない」という、昔ながらの考え方に一石が投じられた。ただしオランダ・クリニクラウン財団の恵まれた環境とは裏腹に、協会の運営は潤沢とはいえない。日本での活動はいまだ、賛同者から支援（募金）を得るための広報に、力点を置かなければならない段階にある。

オランダのみならず医療・福祉先進諸国では、クラウンが現場で、重要な職務を担うエンターテイナーとして人々に認知されており、本人たちが希望する場合を除いて、原則ボランティア活動ではない。生活が担保されているとは言い難い、日本のクラウンが直面している待遇とは、大きな隔たりがある。

## 小児病棟の心得

ホスピタル・クラウン（クリニ・クラウン）は、シニア施設・障がい者施設・被災地、そして海外の紛争地・難民収容所などへ赴く。中でも活動の拠点となるのは小児病棟である。

入院中の子どもたちは、家族や友人と引き離される哀しみの中、辛い治療に耐えている。その上、安静にしていなければならないなど、退屈な日々を過ごしがちであり、楽しいと感じられる時間が提供される必要がある。

病棟で過ごす子どもたちは、元気になれるものなら、すぐにでもなりたい。しかし、なかなかなれないから入院しているのであり「元気かい？」のひと言が、かけられない時もある。病状の悪化や薬の副作用で、浮腫んだり毛が抜けてしまうような苦境に身を置きながら、どうすれば、彼（女）らは笑えるのだろう。クラウンたちにはいくつかの心得がある。

まず病室は、子どもたちにとって生活の場所である。きわめて私的な部屋であるので、中に入る時は、ビックリさせないように時間をかける。たとえば入口で、引くと開くドアを、わざと押したり、ドアに挟まれて痛い思いをする姿を演じる。[*7] 転んだり、水をかぶったり、ズボンが落ちてパンツ姿になったりもする。クラウンが、ドジでまぬけを演じることで、子どもたちが抱いている恥ずかしさや気遅れを減らして、心を開く手伝いをする。

クラウンは、一方が笑わせてもう一方は見物するのではなく、両サイドが関わり合って一緒に楽しみながら解決を導き出そうとする、プレイフルネスのアプローチを採る。たとえばクラウンは歌をうたっても、最初は歌詞を間違い、音程をはずす。それを聞いて笑いながら「そうじゃなくてこうなんじゃないの？」と、子どもに助ける立場になってもらう。そのおかげで最後はとても上手になる。

「すみません。おならがでました。その点滴を私にも打ってもらえますか」などと話しかける。子どもは「おならなんかじゃだめだよ、この点滴は僕の病気を治すためのものだから」と自慢げに発言しながら「治るために辛い治療を受けている」と自覚できるようになる。[*7]

ホスピタル・クラウンは、相手の反応が、眼が虚ろで、ボーッとしていても最後までやり抜く。「覚えていてね・忘れないで」とも考えない。「この次、じゃあまた」が実現しないこともある。死が近づいていると気づいても、気づくからこそ、今という一瞬を大切にする。「面白い私を見て！」と主役になるのではなく、子どもを盛り上げる役に徹する。

熟年クラウンとしては「トンちゃん一座」がある。座長のトンちゃん（石井裕子さん）はもともと、フツーのお母さんだった、と自著にある。[*8] 三人の子を育てた後、英語はしゃべれないのに、「赤い鼻のマジック」を学ぶためにアメリカのクラウンキャンプへ参加した。言葉を超えて、顔にペインティングして演じる体験を通じて、新しい自分のキャラが生まれた、のだそうだ。[*8] トンチャンの夫・泰雄さんもサラリーマンを定年退職してクラウンになった。

現在も、訪問する先々で、出会う人から「元気になる力」を引き出しながら、楽しいと思える時間を一緒に過ごすことを、自分たちの生き方として謳歌している。[*8]

## リアクション・物真似

パントマイムほど難しそうでなく、素人でも挑戦できそうな比較的簡単な芸はないかと考えてみると、リアクションがある。

さりげなく面白いリアクションができれば、たとえば一緒に食事をしている相手が、落ち込んで見える時にも、ちょっとした応援をしてあげられる。まずは食べてみた料理が、喉につまってしまうリアクション、飲み物で一気に流し込んでその場を凌ぐリアクションなど（この辺りまで来ればもう、片足がパントマイムの領域に入った熱演と言えそうだ）。

あるいは食レポの真似をしてみることができる。物真似とは、模倣によって形を作り出す芸であり、パスティーシュ（仏語、pastiche）とも呼ばれる。[*9]

コピーや写真であれば、同じ形を再現できるが、同じではなく、似ているけど少し違う。どう違うかというと誇張（56頁）が入っている。真似芸人のコロッケさんを思い出してみても、限りなく実物に近づけて感心させるや否や、さらにやり過ぎのオーバー・リアクションにするところに可笑しさがある。

また似ていると気づかなかったもの、似ていてはならないものの中に類似性があると、それは意外であり、面白いと感じる。[*10] たとえばゴリラの、人間にどことなく似ている立ち振る舞いは、見ていてほっこり、愉快な気分になれる。

ちなみにゴリラの物真似を見て笑えるためには、ゴリラを知っている必要がある。同様に、パロディやパスティーシュを受け止めるためには、原形を知っていることが前提となる。[*2]

日本における物真似のルーツは、狂言と言われる。確かに、「花子（はなご）」という演目を例にとってみても、物真似を観客にみてもらうために工夫された物真似劇のようである。短く振り返ってみよう。

夫は妻に偽って、浮気相手の花子との逢瀬に向かうが、妻が来たときの方策として、身代わりを太郎冠者に頼み、座禅衾をかぶせて（達磨大師の真似をして）入れ替わってもらう。しかし真相を知った妻は、座禅衾をかぶって（達磨大師を真似て）太郎冠者になりすまして、夫を待ち受ける。すると夢見心地で帰ってきた夫は、花子と過ごしたことの一部始終を、花子の物真似を交えてのろけながら語る。そして（太郎冠者と入れ替わろうとして）座禅衾を取ってみると、話を聞いていたのは（太郎冠者と入れ替わった）妻であった、というオチである。[*11]

江戸時代になる頃は、真似蔵がなまった豆蔵が、小屋掛けなどで興行をしていた。豆蔵は滑稽な口真似や動物の鳴き真似をして聞かせた。[*12]

現代になり、花の開き方・竹の音のサラサラから、日常の生活音（トラックのバック音、真夜中の冷蔵庫）に至るまで、何でもかんでも模倣されている。

落語でも随所に出てくる。酔っ払いのしゃべり方は物真似、おそばのすすり方は、物真似に形態模写が交じった表現といえるだろう。

## 真似しやすいのはどんな人？　こんな人！

「好きこそものの上手なれ」とは本当で、好きな人のことは真似しやすい。たとえばファンである野球選手のバッターボックスに入ってから打つまで、ラグビー選手のゴールを狙う前など、好きなスポーツ選手のルーティンは、思わず練習したくなる。

同時に、嫌いな人も真似できる。とくに、嫌いな人の短所（怒りやすい・気取っているなど）は、ためらわず誇張できる。「いつも…している」という癖もとらえやすく、見る側へも伝わりやすい。[*13] あるいは親子や兄弟姉妹で、口周りの骨格が似ていると声やしゃべり方が、真似をしなくても似ている傾向にあり、そのことで歌まね（裏声・ビブラート・しゃくり上げ方など）も上手くできる。[*14]

真似をするのが得意でなくても、美輪明宏さんの黄色の髪や、バナナマン・日村勇紀さんのおかっぱ頭など、特徴を押さえることでも物真似になる。いつもねじれたネクタイをしている人、サングラスをかけている人であれば、ちょっとした小道具（ネクタイ・グラサン）を用いれば、見る人にとって、大きなヒントになるだろう。

ほかに、鼻の穴が大きい人の真似は、ペンで鼻の穴を黒く塗る。鼻の穴が空を向いている人の真似は、鼻にテープを張って上を向かせるなど、定番もある。

### マジック──歴史的背景

物真似は、奈良時代に中国から日本へ上陸した散楽（152頁）の一つであった。同じく散楽の中にあった、長い歴史を持つ芸、と言えばマジック（手品）を忘れるわけにいかない。

マジックには口上があるのだから「しゃべくり芸だろう」と思われるかもしれないが、手元や身体を使った細工が、主な見せどころであり、あくまでもそれを引き立たせるために、ナレーションが付随している。

そうは言っても、しゃべるとしゃべらないのいいとこ取りが、マジックの特長であることも否みがたい。困ったので、正体を掘り下げてみることにしよう。

古代のギリシャ・ローマ世界には、祭儀を司る階級として「マゴスの業」があり、呪術（おまじない）や奇術が用いられていた。次第に、神秘的な要素が抜けて、手品・マジックの意味で使われるようになった。

マジックに関わる最古の記録としては、紀元前一七〇〇年頃のものと考えられるウェストカー・パピルスに、奇術師がファラオの前でガチョウを切ってつなげたとの記述がある。[*15]

中国では紀元前一〜二世紀に、「幻戯（めくらまし）」が盛んであった。手練手管の技に加えて、身体を駆使する曲芸・軽業なども行われていた。

秦漢の時代には「百戯」と呼ばれ、皇帝の命を受けて祭事や宴席を盛り上げるエンターテインメントとして執り行われるようになった。この時期にはすでに、観客から好まれるために、コミカルに演じて笑いを取っていたようである。宮廷だけでなく、街中でも演じられて、人気を博した。

日本では平安時代、阿倍清明（九二一―一〇〇五）を始めとする陰陽師が、人間離れした、神に近いイメージを作り上げて政治にも影響力をもつ存在となっていた。予言（占術）に加えて、マジックの要素を駆使していたと推測される。[*16]

鎌倉時代の「吾妻鏡（あづまかがみ）第一六巻」には、大仕掛け（グランド・イリュージョン）が登場する。座敷を大海にしてみせる術が一二〇〇年一二月三日に披露された、と記されている。[*17] 今日となって誰も見た者はいないが、隣の部屋で何かを燃やした煙をあおぎ、座敷の中に湿度の差を創り、煙が低く這うようにした。現代におけるドライアイス（比重が一・五六と空気より重い）を用いる発想に近いといえそうだ。[*18]

室町時代以降には〝キリシタン・バテレンの妖術〟の一種として非難されたこともあった。[*16] 常識では考えられないことを起こせるマジックはすごく過ぎて、かえって怪しまれたのであろう。

## 手妻

江戸時代になる頃には「稲妻のように動く手」の意味から手妻（てづま）と呼ばれ、再び人気を集めて、伝授本も出回るようになっていた。しかし「白いキツネの糞を使う」など、わざと入手困難なものを書いて、一般読者が真似するのを諦めさせていた。本職も、絶対に仕掛けを教えなかった。[*18] 一七六四年に出版された、平瀬輔世が書いた「放下筌（ほうかせん）」は、解説が充実していたため、日本中の手妻愛好家に読まれてベストセラーとなった。この頃には、小屋掛け興業でも、毎日のように手妻が披露されていた。[*17]

江戸・後期となり、水芸の始祖として名を馳せた、スター手妻師・養老滝五郎（一八一一―一八八〇）が登場した。西洋には噴水マジック、中国には「変水」があるが、日本の水芸もまた格別であった。[*18]

初代・養老滝五郎の門弟、柳川一蝶斎（生没年不詳）による蝶の芸も、一世を風靡した。この芸は紙をひねって創った蝶が、扇で風を送るとたおやかに舞い上がり、花と戯れる。やがて二羽になってくっ付いたり離れたり、人の衣や頭の上に乗ったりする。二羽を集めて握り、扇であおぐと…千羽の蝶（紙ふぶき）に変わった。[*17]

## 西洋奇術

明治を迎えた頃、水や蝶の芸を始めとする手妻は前途洋々であったが、一〇年代になると、西洋奇術師が急増した。西洋奇術はマジックと呼ばれ、当て字は魔術句。明治半ばにはマジックのほうが主流となり、手妻は急激に衰退した。[*18]

横浜で、帰天斎正一（一八四三―?）が、西洋マジックのマネをして有名になった。一方で、松旭斎天一（一八五三―一九一二）は、大阪における西洋奇術の元祖と呼ばれた。[*18]

しかし天一は、上海で英国人のジョネスというマジシャンに雇われ一年間仕事をしながらの「見よう見まね」であった。「上海帰り」の天一は、洋服姿で「イングリース帰朝（イギリス帰り）」と嘘をついて舞台に上がり、話題をさらった。[*18]

二人とも西洋の真似をしたのだが、さらに天一は正一の真似をした。興行界のトップに躍り出たのはむしろ天一のほうで、さすがは魔術師、見る者の眼をうまく誑かせたほうが頂点を極めた、としても怪しむに足りない。

洋風のマジックに対して、手妻は和妻とも呼ばれる。和食が、世界無形遺産に認定されたこともあり、再び和妻ブームが訪れることにも期待したい。

ちなみに、ここまで記してきたマジックに関する文章は、藤山新太郎氏の「手妻のはなし」から、何度となく引用させていただいた。藤山氏といえば、文化庁・芸術祭賞を三度受賞（同賞初）のほか、海外でも数々の栄誉に輝く、日本が世界に誇る奇術界の至宝であることを付記しておく。

## マジシャンを繙く

次に、マジシャン（手品師）とは何者なのか、繙いていく。手品師は英語で、ウィザード（魔法使い）とも呼ばれるが、手品師は魔法使いではない。ハリーポッターやコメットさんとは違う。演技をする、のだが俳優とも違う。

透視ができるなど、超能力を持つと設定されているマジシャンもいるが、実際は心理操作や読心術を達人レベルで操っている。自称・超魔術師のMr.マリックさん（一九四九―）は「ハンドパワーです」が決め台詞であるが、優れているのは超能力ではなく、ハンドリング・スキルである。

このように超能力に肖る（あやかる）マジックは、メンタル・マジックと呼ばれる。観客が感情を揺り動かされて、ワンダー世界にまんまと引っかかることで成り立つ。

そういえばマジシャンのクリーシェとして「種も仕掛けもございません」がある。しかし種や仕掛けがあることは、観る人も知っている。本当の意味は「これから種と仕掛けを使って、あなたを騙してご覧にいれます」であり、嘘を嘘として「思い切り楽しんでくださいね」という挨拶である。

普通なら嘘をつかれれば、嫌な感じがする。詐欺にも騙されれば怒りを覚え、裏切られれば失望する。それがマジックだと、鮮やかに騙されて、裏切られるほどワクワクする。

要するに「偽る（いつわる）」は、何のためにどのようにやるかで、事の善悪が分かれる。マジックでは、本来なら「悪」であろうことを、不可解な快感へと作り替える。

ピック・ポケットというスリの技もあるが、客は盗まれて喜ぶ。ショーであるという安全な立場で、危険を堪能している。

となるとマジシャンとは、悪質ではないペテン師、誤魔化しのプロである。観客は、にわかには信じられないすご技によって、ハラハラさせられた後に、ちょっとふざけたフォローで脱力する。つまりアクセルとブレーキを乱発されて、ときめきが止まらない。

マジシャンはユーモア技法を重用して、客の心を手玉にとっている。このような方法は、わざと観客にとって想定外の「ではない方」へ、あちこち持っていくミス・ディレクション（奇先法でもある）の連続と言える。

実はマジシャンではない私たちも、たとえばプロポーズの時、あの指輪を、それが出てくるはずのないポケットから出す。これはマジックにおける出現技のナイス・サプライズ（善意の騙し）による演出である。

試着してみた友人にも「似合っていない」と見たとおりには言わず「よく似合ってる」と伝える。ホワイト・ライ（善意のウソ）のお蔭で、友人が笑顔になれる。

どうやら誰もが、気づかないうちに、ささやかな幸せを作り出そうとしてマジックを使って、ちょっとだけ夢をみて、生きているようだ。それにしてもこの世の中にマジックがあってよかった。本当だったらできないが、偽りの世界だからできることがあってよかった。

マジックは、私たち人間が考えついた、眠らなくても見られる素敵な夢幻。今まで人間が考えついた中で一番、優しくて賢くて面白い嘘なのではないだろうか。

## しゃべくり&ネタばらし

本来であれば、演技が中心であるはずのマジックの風潮に、マギー司郎さんは風穴を開けた。司郎さんが行うのは、パター（演技中の口上）で手品を盛り上げるトーク・マジック、とくに観客の笑いを意識したコメディ・マジックである。

司郎さんは、この特徴を強味として、テレビでレポーターをしたり、司会業も担当してマジシャンの職域を拡げてきた。実はマジック界には原則、タネ明かしをしないという掟があるが、司郎さんは守秘義務が発生しない、たとえば縦縞のハンカチを丸めて広げると横縞になるなど、初心者にもできそうなマジックを披露し、丁寧にネタばらしをしてくれる。

愉快なおしゃべりとアマチュアリズムといえば、ジミー重岡さんも、そんなマジシャンの一人である。重岡さんは現役時代、中学・高校で三九年間、社会科（地理・現代社会）を担当した教員であった。ある時、テレビで見て手品に興味を持つようになり、練習を始めた。いつの間にか気づけば、休み時間や放課後に同僚の先生や生徒たちに披露するようになり、やがてリクエストを受けて月一回の手品教室を始めた。次第に演技の種類も増えた[*19]。

退職後に、介護施設を訪れるようになった重岡さん。「私はジミー重岡と言います。もともと性格が地味なので、そう名づけました」「日本人離れした顔と言われることがありますが、一番似ているのはイースター島にいるモアイ像だそうです[*19]」。

面白く自己紹介して（34頁）見てくれる人の関心を集めてから、スタート！　手品を三〇分演じて、一〇〇回は笑ってもらうように、ユーモアを大切にしている[*19]。

マジックは年少者・年配者のどちらにも、喜んでもらいやすい。それほど高度なワザでなくても、楽しんでもらえる。また人前で演じるのに免許は不要、取得すべき段や級もない。ならば私もやってみたい！　と思うのだが…あなたも始めてみませんか。

# 9

# いざ笑いの祭典を担う

## 司会のユーモア

## 司会進行、引き受けます

今までの老年学（12頁）では、知識に重心が置かれ、表現力の育成まではあまり配慮されていなかった。そのせいもあってか学習者は、表現するのがあまり得意でないと思い込んできた。笑い学を足すことで、机上の理論として学ぶだけではない、プロジェクト・ベースド・ラーニングに変えられる。プロジェクトという本番に向けて、表現しようとする能力はもちろん、一歩前に踏み出す力、チームで協力する力を鍛えられる[*1]。

以前なら「人様の笑い者になりたくない」「いい年をこいて恥さらしだ」と、思っていたが、笑い学に接して、考え方が変わった。今なら胸を張って、笑われ者になれる。最初のプロジェクトとして、発表会（パーティ・イベントでもよい）を開催してみよう。

宝塚歌劇団に伝わる「笑い三年泣き三月」。泣きを演じるために三ヶ月、笑いを演じて見せるためには三年かかる、と解釈できる[*2]。語源は、義太夫節の修業において、笑う演技が泣く演技より難しい、と説かれていることによる[*3]。はるか昔から、笑いが一筋縄では克服できない、難しい表現と思われていたとは、光栄である。

しかし「笑いを取りたい」という意図が、観客側から透けて見えると、冷めてしまう[*4]。下手な悲劇は鑑賞に堪えられても、下手な喜劇は見るに忍びない。

発表会の進行役である司会においても、笑いを狙いすぎて滑ってばかりの、伝わらないＭＣ

（マスター・オブ・セレモニー）は、つまらないMCよりアウト。まして経験の少ない素人が無理に笑いを狙えば、嫌悪される危険性がある。だからと言って、無難が念頭に来すぎると、普通すぎる。確かに落ち度がないなら、減点法でいくとマイナス部分がない。しかし無事に終われる、でもそれだけ？　と物足りなさが残ってしまう。

では一体どうすればいいのだろうか。まずは名MCである中居正広さんに注目してみる。

## ジャニーズも笑い学⁉

一九九七年末のNHK紅白歌合戦で中居さんは、当時二五歳と最年少ながら、白組司会者に大抜擢された。翌一九九八年末に、再び同番組の司会を務めて、二年連続という金字塔を打ち立てた。

直感を信じない彼は、事前にプランを練り、シュミレーションを繰り返す。ゲストの情報を前もって収集し、トークの展開を何パターンも準備する。[*5] 今となっては、元ジャニーズのアイドルだったのが嘘のよう。考えに考えた末のMC、として知られている。

しかも準備をするのだが、したと感じさせないことで、自然体のぶっつけを装う。いくら努力しても、その跡さえ見せないのが、一流MCの美学のようである。

ところで、ジャニーズは笑い学を取り入れているのではないか、と思われる節がある。なぜなら歌って・踊って・演じられるイケメンだと、いいところだけの一〇〇点満点になってしまう。すごすぎて「嫌な感じ」になりそうなところを、笑いで防ぎ、同時に欠けている三枚目の部分を、笑いで補足する。美形で、何でもできるくせに、まさか面白いの？　というタイプのアイドルは、最高兼ねて最強であり、そんな戦略がジャニーズ帝国にあっても不思議ではない。

## ＭＣが準備できることのいろいろ

「人を最も不安にさせるものは不安に思うこと自体」と言われる。ならば事前に徹底的な準備ができていれば、不安を減らせる。心のゆとりがトークの余裕になる。

また多くの人を前にして、台本を一字一句読むのは至難の技であり、読むことに必死になってしまう。だからといって丸暗記していると、忘れてしまった時、真っ白になってしまい、立て直せない。このような失態を回避するためには、原稿を覚え込むのではなく、全体の流れを把握しておく。万が一、記憶がぶっ飛んだ時、細かい部分はズレても、肝心なところはブレずに、通過していけるように。

本番＝ライブ＝生き物であるから、ハプニングが起こって、当の然である。不測の事態を飲み込んで、平然としていられるために、台本を自分なりに咀嚼する。つまり自分の言葉に置き換えて、整理しておくことが賢明である。

その際、目で読むだけだと気づけない部分があるので、登壇者の名前にルビを振るなどしながら、声に出して練習する。緊張すると早口になりがちなので、大切なフレーズは「ゆっくり」を心がけられるように「ˆ」（アクセント記号）など、自己流のマークを書き込んでおく。自分にとっての命綱は、皆が持っている共通台本ではなく、オリジナル・メモがぎっしりと書き込まれたマイ台本である。

自分が話し出すタイミングについても、照明もしくは音響が変わる時に合わせるなど、会場のレイアウトを熟知した上で、体感的に理解しておく。自分の周りのスペースについても、手を動かせるか・足を動かしたのが見えるかなど、予めあれこれ、どういう身の振り方ができるか策を練っておく。

ただし何のためのＭＣなのかによって、役割も一変する。同窓会などカジュアルな会合ならば、陽気に場を盛り上げてもよいが、政党支持者の集まりなど、どちらかと言えばフォーマルな席を進行するのであれば、落ち着いてしっとりと務める。その都度、主旨を見きわめて、臨機応変に振舞わなければならない。

## 立場と役割

改めてＭＣとは、表舞台に出て照明が当たってはいても、裏方のような立場である。登壇者であれば、話をするに当たって、時間の枠をもらえるが、MCはもらえない。登壇者と参観者の間に、黒衣のように割って入り、両者をつなぐ。

MCは、ホスト（招待した側）として、ゲスト（招待された側）におもてなしをする、すなわち（接待業の）ホスト・ホステス精神を持ちたい。発表会のMCにとってのゲストとは、一次的には登壇者を指すが、二次的には参観者も含まれる。

「このMCに助けられた」と感謝されれば「次もお願いしたい」となる。反対に、期待された役目が果たせなければ、次の機会はない。「指名ゼロ」になると自覚するべし。

MCの役は、自分より服をよく見せるモデルにも近い。自分が輝いて周囲を照らすのではなく、いかに周囲を輝かせられるかを職責とする。

「自分が輝かない」という明確な意識は、緊張防止策にもなる。あがりやすい人の中に、人前で失敗したくない自意識過剰な人がいる。[*6] 自分の体裁はさておき、緊張しているかもしれないゲストを楽にしてあげることをMCの務めとわきまえられれば、自分が緊張している場合ではなくなる。相手を優先して考えるお蔭で、自分の緊張が二の次になり、気づけば、あがり症を抑えられる。

タモリさんはかつて、緊張しないコツを尋ねられて「ありません。緊張するような仕事ができているってことを幸せに思うことですね」と答えた。[*7]「ありません」だけだと一瞬、不遜に聞こえなくもないが、最後まで確聞すると、なんとも謙虚な発言である。

しかし緊張してしまったら、していないふりをしなくてもよい。ちょっと緊張しているぐらいが、親近感を持ってもらえる場合もある。

「緊張しています」と言ってもいいが、アピールしすぎると言い訳（緊張していなければできるのに、緊張しているせいでできない）に聞こえる。[*8] あくまでも言い訳を準備するのではなく、緊張しないですむための準備を整えておきたい。たとえば、マイクを利き手でないほうで持つと、力が入りすぎずにリラックスできるなど、自分なりのルールを持つことで、落ち着ける人もいる。

外出している時に、声を掛けられて役者になる人がいる。しかしそんな風に、突然スカウトされてMCになる人はいない。つまりMCは外見だけではなく、中身が肝腎。ひっくり返せば、外見が優れていない、三枚目でもなれる役どころである。

## 小堺一機さん

際立って三枚目というわけではないが、参考にしておきたい名物司会者がいる。フジテレビで（一九八四年一〇月―一九九〇年一二月）「ライオンのいただきます」から（一九九一年一月―二〇一六年三月）「ライオンのごきげんよう」へと、計三〇年以上続いたお昼の番組を進行していた小堺一機さんである。

小堺さんは物真似やジェスチャーを得意とする。「それはウトウトではなく、爆睡といううんじゃないですか？　こうベンチに寝転んで（寝るジェスチャー）ふとんかけてたんでしょう？（イビキをかく真似）」とゲストの話を、膨らませて再現する。[*9]そのことで視聴者に、今日のゲストは面白い、と感じてもらう。

平凡なトークも、小堺さんがすくい上げて、笑いに変えてあげる。そのユーモアはわかりやすく、年齢や性別に関係なく楽しめる、いわゆるユニバーサル・デザインの笑いであった。

たとえばゲストが「今年四六になったんですけど」と年齢を告げると「血圧が、ですか？」、「一八七です」とゴルフのスコアを述べると「身長が、ですか」などと軽く外す。

笑いが少なめの日には「○・五人ずつ、ずれてください！」や「後で罰金二〇円、いただきます！」などと、ゲストと関係のないところで、小堺さんがボケ発言をして、お茶の間に笑顔を届けた。司会者の心遣いと技が光る番組であった。

## 明石家さんまさん

オリコン調べで「好きなMC第一位」（殿堂入り）といえば、明石家さんまさんである。絶妙なトークのボールを「ねたふり・パス」として出しながら、番組を見所のある試合に組み立てるミッド・フィールダー型のMCとして知られている。[*10]

さんまさんの笑い上戸は、一つの芸風といえるだろう。突っ伏し笑い・跪き笑いに加えて、ヒーッと引きつり笑いしたあと、なお笑いながら話しかける。「一番笑っているMC」でもある。
「驚き上手」も特徴であり、ゲストの話を聞いたリアクションとして、たとえば「踊る！さんま御殿!!」（日本テレビ）では、右手に持った作り物の「手」で、あたりかまわず叩きまくる。そして「そんなんいらんねん」などと突っ込みを入れると、ゲストのそれほど面白くない話に、笑いが起こる。

何といっても、さんまさんは大御所であるから、ゲストにとっては、真正面にいるだけで、そびえ立って見えることもあるだろう。そこで（女性が写真を撮る時のように）半身斜めの体勢を取る。さらには、目線を見たりはずしたり、一つ所に留まることなく歩き回る。さんまさんからゲストへの気遣いなのであろうが、「一番まともに目を見ない、落ち着きのないMC」とも言える。

さんまさん以外が、このように振舞えば、おそらく誠意がないと誤解されるだろうから、さんまさんにしかできない芸当である。

## 上田晋也さん

クリームシチューの上田晋也さんにあだ名を付けるなら、言葉巧みな蘊蓄芸人。多くの人がぼんやり感じていることを的確に代弁してくれる。

「うんざりするのと、うっとりする、ぐらい違いますね」と、わざわざ言い直すことで、変哲のないゲストのトークに、さりげなく面白さを加味する。「マスク取った顔見ました？　顔はパーツよりバランスでしょ」と視聴者のために、状況を噛み砕いて解説する突っ込みタイプのMCでもある。[*9] 上田さんなら「きっとどうにかしてくれる」と、ゲストが安心して出演を承諾してくれるような信頼感が強みであろう。

「世界一受けたい授業」「しゃべくり007」（ともに日本テレビ）の番組では、回答者の中に、相方の有田哲平さんが座っていて、時にむちゃくちゃなボケをかましてくる。それをMCの上田さんがいじってかわすという二人の掛け合いも、視聴者にとっては心地よい面白さになっている。

司会者が、ゲストにとって失礼な間違いをしてしまっただけで、降板になった時代もあったのだろうが、この頃は「おっしゃるとおりです」「勉強になりました」など、かいなでの対応に終始するタイプより、媚びない辛口のMCが流行である気もする。少々いけず（＝いじわる）な発言も辞さない、有吉弘行さんや加藤浩次さんらが起用されている。

また本来MCは、アナウンサーの仕事であったのだろうが、いつの間にか、気づけば芸人さんが担当する割合が増えていた。芸人さんは、隙あらば世の中の面白いことをキャッチしようとして、平素から常識を疑う眼識を持てている。学者にも通じるような、着想ができる彼らなら、万が一、放送事故になりそうな窮地に陥っても、一八〇度ひっくり返して、笑いに変えてくれるに違いない。[*11] もはや、頼もしい、欠かせない存在になっている。

## 発表会に即して——オープニング

このあとは、笑い学を学ぶ同志による発表会を想定して、できるだけ実際のプログラムの順番に即した形で話を進めていく。MCは単独で担当してもいいが、漫才風に複数で担当するほうが掛け合い（ボケと突っ込み）ができそうだ。

まずはつかみ（31頁）となるオープニングが、ビッグ・チャンスである。観客もドキドキしながら集中して、始まりの時を待っている。ヨーイ・ドン！　の瞬間は、普通に始まるだけではもったいないので、一回目の笑いを、仕込んでおく。だからといって、最初からふかしすぎるとすべるので、まずはシンプルな笑いで幕を開くとしよう。

観客の反応がよさそうな時は「センサーの感度が、とても高い皆様でいらっしゃいますね」「今日は大いに、盛りあがりそうです」などでいけそうだが、現実はこうならない場合が多い。そこでウォーム・アップ（場を温める）とウェイク・アップ（客に目覚めてもらう）を兼ねて、実際に声を出したり、身体を動かしてもらい、リアクションが起こしやすくなるように促す。

笑うのは反応であるので、温度差がありすぎるものを見せられると、驚いてしまうばかりで、笑いにつながらない。だから面白いと感じてもらうために、まずはトポス（単なる空間でなく、意味のある場所）の整備をする。[*8]

「大きく声を出してみてくださいね、皆様。せーの、こん・にち・はー！」「今日はぜひとも、皆様がたと仲よくなりたいと思っています…、すみません。起きてください。本番始まってますよ」など。

もう一押し必要なようなら、「本日の進行を務めさせていただきます、○○と○○です。私たちのことを、知っている、もしくは知らない人、いらっしゃいましたら手を挙げてください。どうぞ！」「いずれにしても挙げますけどね」「はい。手を挙げる、体操をしてもらおうと思いまして」[*12]という具合である。

MCがちょっとしたマイク・パフォーマンスをしてみてもいい。たとえば、わざとマイクの使用法がわからない振りをして、「ただいまマイクのテスト中」を、変な口調で言ってみる。頭を下げて挨拶をしようとしてゴツンと、マイクに頭をぶつけてみる。[*13]それを見た相方が「マイクは大丈夫ですか？」と、マイクだけを心配するなど、とにかく、自分たちが面白い人であることを、周囲にわかってもらうことが重要である。

これでも来客が、ニコリともしないようなら、本当は笑いたいのに、笑うのを堪えている可能性がある（139頁）。そこで「皆様。笑う準備はできていらっしゃいますか。ピクリとも動かずに、きちんとした姿勢で座っていらっしゃる方。〝おっと危ない、もう少しで笑うところだった〟と、笑うのを我慢することがないようにお願いいたします」と伝えてみる。あるいは「うちの犬は笑ってくれるんですけど。というか、家で犬にしか相手をしてもらえない私ですから、どうか今日は、優しくしてくださいね[*4]」。

はたまた「もう今日は、一度も笑わないで帰る人は、財産没収することにします」「それとも逮捕しちゃいましょうかね」など、念には念を入れるつもりでダメ押しする。

きみまろさんなら、大勢のシニアの前で「今日は若くてお綺麗な方ばかり」と逆さまなことを言う。ずばり本当のことを言ってもいい。「日本全国の、素敵な女性シニアの方から、男性シニアの方まで、幅広い年齢層のおじいちゃんからおばあちゃんまで[*12]」「映画館の入場料が（何曜日に観ても）一二〇〇円の皆様、はじめまして[*14]」「本日は、お天気には恵まれましたが、皆様に置かれましては、足腰のふらつく中、お足下の臭い中。お忘れ物の多い中、お忙しくもない中、お越し下さりありがとうございます[*12]」。

ここまでやってまだ反応が薄いとしても、くじけている場合ではない。いくら「今日の客はノリが悪い」と客のせいにしても、自分でなんとかしない限り、事態を拓けない。

こうなったら、本番中なのに、わざと失言して「この部分は、編集の時、カットしておいてください。バッサリお願いします」などと、滑った後の起き上がり方（リカバリー）で、笑いを狙ってみるのも一案である。

## 来賓による挨拶・ゲストの対応

オープニングという難関をどうにかクリアできたとして、続いて、来賓から挨拶をいただくシーンを想定してみよう。高名な先生が、一時間近くしゃべったという話を聞いたことがあり、挨拶もまた難関である。ちなみにその時は、幸運にも会場に、同席していた先生の娘が「もう皆さん、お困りですから」と水を差してくれて、「では簡単ではありますが」となって、話が収束したという。*15

来賓による、終わりの見えないしゃべりの中には、まったく笑いがないものがある。通常であれば、娘さんは来てくれないので、MCがどうにかしてカットしなければならない。そこで「…では、簡単ではありますが（笑）」と、MCが言ってあげる。挨拶を述べていた人は一瞬、戸惑うだろうが、本人も切り上げ時がわからず、しゃべり続けている場合もあるので、真意を汲んでくれるであろう。

いっそ登壇してくる人なんぞは全員、一癖ある曲者と、覚悟しておくほうが間違いない。その上でできるだけ、どの人にも苦手意識を持たないように努める。

もし相手が、緊張しているようなら、ほぐしてあげる。たとえば、同級生や双子だったら「〇〇さん、〇〇さん、どうぞこちらへ。なんとお二人は同じ歳だそうですよ」と、とくにリアクションを返さなくても済むような、軽い笑いを振ってあげる。

近年では「ボケたがり屋」さんが増えていることもあり、もし何か面白いことを言ってくれたら「〇〇さんが、そこまで話してくださるとは、思っていませんでした。事務所OKなんですか」と有名タレントとして扱ってみる。

その人が、全体の流れを乱しそうなほど、MCにちょっかいを出してくるタイプなら「すみませんけど音響の方〜。〇〇さんのマイク、一旦電源を切っておいてくれますか」などと、笑いを混ぜて制する。

おばかキャラや天然ボケの来賓は、貴重品として取り扱う。たとえば具志堅用高さん・ガッツ石松さんのような人なら、話の中にあるはずのトラップや言葉尻を逃さずとらえる。だからといってその人の話を、途中から乗っ取るハイジャックは以て(もって)の外(ほか)。大ベテランの田原総一朗さんや黒柳徹子さんに、それが許されても、私たちがやったら一発退場と心得よ。

「天然」や「キャラ」ではなく、本当に呆け始めている人も少なからずいらっしゃるので、「次は、なんでしたっけ。ここまで出ているんだけど…」と行き詰まった様子なら、「そうなんですね。〇〇して、◎◎して、それから?」などと繰り返してあげる。[*9] それでも思い出せない場合は「すみません、質問した私が悪かったです」と、自分がかぶる。超級高齢社会を生き延びるための必殺ワザである。

## 発表会の中盤

ダラダラした感じが出てきたり、空気を変えたいような時、会場が一時「??」と感じてシーンとするように、わざと流れを一度せき止めてから、再スタートをかけてみる。

たとえばMCの一人が、突然メイクを直すジェスチャー。それをのぞきこんで、相方が「すみませんけど今、メイク直しするのやめてもらえます?」と突っ込む。「あれまだ終わってなかった?」に「何をふざけたこと言ってるんですか。これからが盛り上がるところじゃないですか」と返して、眠気冷ましを試みる。

あるいはアソシエイトの法則(結び付けるの意味)を用いて、参観者を三人称から一人称へと仲間化する。[*16] たとえば客席にマイクを向けながら近寄って「済みません失礼します。今、お忙しいですか」と、的外れな質問をしてみる。[*14]「ところで今日は、どちらからいらしたのですか?」と尋ねて答えてもらい「そんな遠いところから、ひょっとして暇ですか?」と茶化す。[*4]

加えて「この中でどれでもいいです、ひとつ選んで下さいますか。はい、それは今日お休みなので、別のにしましょうか。どれでもいいんですよ」「ええ、そちらも本日はちょっと出張中となっております。…(わざと特定のものを選んでもらい)はい、これですね[*12]」。マジシャンが使う、フォースと呼ばれる導き方のアレンジであるが、この際、拝借させてもらおう。

協力してくれた人には「手伝っていただけたお蔭で、私の健康寿命が三日延びました[*14]」など、さりげない謝意のひと言もお忘れなく。

## 発表会のエンディング――表彰・記念撮影

めでたく迎えるエンディングで、表彰を行うことがある。受賞者が喜びの気持ちを適切に表現できないようであれば、MCのほうから「この喜びを最初に、伝えたい方は今朝、喧嘩したご主人とのことです」と代わりに勝手に答えてみたり「年末ジャンボが当たる予定があるため、賞金の百万円は辞退されるそうです」と、めちゃくちゃな回答をして、助け船を出す。

発表会の途中まで素晴らしくても、着地で失敗したら、それまでの努力が水泡に帰す。「締め」には、残っている力を振り絞るつもりで臨もう。

その日、来てくれた人がまばらだったなら、あえて強調して「本日はこのように、空席以外は満席の、本当に大勢の皆様にお集まりいただきました」「ありがとうございました」。開催された場所が東京なら「外の雪はもう止みましたでしょうか」「いいえ、最初から雪は降ってませんでした」「明日もまた雪らしいですよ、北海道は」。

「この後、まっすぐにお帰りの方も、ホールを出ましたら、すぐ右に曲がってください」「曲がらないと壁にぶつかりますのでね、どうかご注意ください[*12]」などと送り出す。

最後の最後に、皆で記念に、写真撮影をすることもあるだろう。撮るときの掛け声で笑顔が決まる。「三三・二二・一一！」でも笑えるが「10＋12は？」「22〜」や「Say, キムチー！」だと、唇の形が「イ音」で終わるので、スマイルが作りやすい。

「百万円！」も聞くだけで、口に出すだけで、笑顔になれるワード。嘘か本当か、試しに「ひゃく・まん・えん！」と元気に声を掛けて、めでたく「お開き」としよう。

## 演目はこれだ！——写真でひと言・パロディ詩

続いて、一層具体的に、演目の内容についても考案してみる。
まずは「写真でひと言」ができそうだ。これは写真を見て、アフレコで台詞をくっつけて、吹き出し風に面白さを競うもので、たとえば蛙が池の上の葉っぱに寝転んでいる写真に「芭蕉待ち」、リスが両頬を膨らませて何かを食べている写真に「お客さん、それ以上の試食は困ります」。そして赤ちゃんがニコニコ喜んでいる写真には「マジ？ 左も飲んでいいの？」など、ひと言後付けする。[*17]
写真が趣味の人は多いであろうから、素材となる写真はぜひとも、どなたかが先だって撮影してくれたものを使わせていただきたい。各種アプリを利用した合成写真・コラ画像作品も大歓迎である。
相田みつをの「人間だもの」や宮沢賢治の「そういうものにわたしはなりたい（雨ニモマケ

ズ）」などの一節を使って、パロディ詩を創作してみることもできる。こちらも前以て、書にしたためたり、絵葉書に描いて、作品として会場に展示することもできる。あるいは学んだ騙し絵（96頁）を活かして、発表会のポスターやちらしを作ってもいい。

## 替え歌・ジェスチャー大会

発表会における気分転換に、打って付けのプログラムとして、替え歌がある。競うのは、上手下手ではなく面白さであり、音階がズレてるなど、いわゆる音痴は、極上の愛嬌になる。

「幸せは歩いて来ない、だから歩いていくんだね。一日一歩、三日で三歩。三歩さがって二歩さがる」。これはホームに入居している認知症の方が歌っていたものだが、立派な替え歌である。歌詞のとおりに進むと五歩さがってしまい、トイレにも行けないオチとなっている。[*18]

南こうせつさんの「神田川」も替え歌にできそうだ。「あなたはもう忘れたかしら？」の続きをアレンジする。「今日は風呂屋の定休日」と続けてみたのは、アルフィの坂崎幸之助さんで「徹子の部屋」に出演した時に、披露していた。

中島みゆきさんの「地上の星」を、類似音異義語（107頁）の「日常のどじ」に変換することもできる。片付けたはずの眼鏡、買ったはずの豆腐、みんなどこへ行った、記憶たどるけれどなく…。[*19]

童謡の替え歌なら、皆知っているので、その場で歌詞を配って、合唱することができる。

春が来た。どこへ来た。ひざに来た　腰に来た　脳（野）にも来た…。[20]

身体を動かすジェスチャー大会も楽しそうだ。即興で判断する能力を問われるジェスチャーは、自分を良くみせるために考える時間がないお蔭で、ありのままの素を表出しやすい。その結果、上手くできない場合もあるが、失敗は笑ってもらえるもの（140頁）だと、改めて気づける。[21]

ジェスチャーの中には、私たちにとってお馴染みなものもいくつかある。たとえば「これが（小指を立てる）これなもんで（両手でお腹の上に半円を描く）」で、妻が妊娠してる。同じ「これがこれなもんで」でも、「妻の機嫌が悪い」なら「これなもんで」のところで、頭上に指を立てて鬼の角を作る（おかんむりのポーズ）など。[22]

いかにもシニアっぽい、ありがちな所作としては（何かが書いてある）紙を見る時に、近づけたり遠ざけてみるが、結局よく見えていない。もしくは携帯がポッケに入っていることを忘れて携帯を探してまわる、など練習しておいて損はない。

## コント劇・PR動画

目玉となる余興として創作コント（劇）はいかがだろうか。即興とは逆に、本番という完成形に向けて、台本づくりから役づくりまで、各自が納得いくまで極められる。練習に練習を重ねて取り組むことで、コメディアンとしての醍醐味を味わえる。ついでに発表会のPR動画も作ってみよう。

日本中で、笑い学を活かした発表会が増えれば、お互いの発表会に、シニア同士が招待し合えるようになる。誰もがアマチュア(セミプロ)ながら、いつか招いてもらえることを夢みて、自分に磨きをかけられる。

これはもう、いわゆる「近くで応援できる・会いに行ける・B級・シニア・アイドル」の誕生である。目を奪われるほど圧巻とは言えないが、目を覆うほど酷たらしくもない。上手い人だけが素晴らしいのではなく、出来ばえはともあれ、努力している姿こそ素晴らしいと、見る人に気づかせるアイドルになれる。

発表会自体、半分は面白くて笑う、半分は面白くないけど付き合いで笑う、でいい。お互いがお互いの笑活ボランティアになれる。

この時、手ぶらでなく、ささやかなユーモアという土産を持っていける人は、来るのを待ち望まれる。「あの人、今日はどこにいるかな?」と、探してもらえる存在になれる。ユーモアは、まったく元手がかからずに作れて、そして与えても貰っても、分かち合うだけで嬉しいプレゼントになる。*23

仕事から引退したなど「見せ場」が減ってきたと感じているシニアにとって、役割喪失が自己喪失に連なりがちである。反対に、他者と交流するうちに「あの人ならきっとやってくれる」と期待されることで、承認欲求が満たされる。

発表会でも、人前に出てステージに上がったり、スポットライトの下に立つ。そしてほんのわずかでいい、面白いことを言ったりやったりして、笑顔を投影されて、拍手を浴びる。「ウケル」という反響を得られることが「受け入れてもらえた」自信につながる。

恋愛でなくても、不整脈でなくても、仲間に慕われ、好感に満ちた視線で見つめられるだけで、人はいくつになっても有用感を獲得して「ときめきたい症候群」を患って（わずらって）いられるのだ。[*24]

一方で「面白いことないかなー」と、誰か何かを待つ声が、どこともなく聞こえている。「不幸だったり不満だったりするのはたやすい。人が楽しませてくれるのを、王のようにじっと座って待っていればいい」[*25]とアラン（125頁）は述べている。政府がしてくれない、ケースワーカーがしてくれないと、「してくれない」を連発するシニア層を曽野綾子さんは「くれない（紅）族」と呼んだ。[*26]

自分のためにも、待つ身は辛い。憤懣が募りやすい。巌流島の戦いにおける、佐々木小次郎の敗因も、約束の時間になっても対岸で木刀を削ったり、ひと眠りしていた宮本武蔵に待たされ、落胆を繰り返させられたことによる、決戦前の自失と言われている。[*27]

じっと待つには、シニア期は長すぎる。「やったことない」という理由で、逃げ通せないほどの長さである。だから思い切って行動に出てみよう。

立派になるのもさすがになるのも、シニアになってからでは大変だが、間に合わないわけではない。むしろ「本当のエリート」はシニア期に、何をするかで決まる。発表会は一つの、今までとは違う自分の「活かし方」を発見できる絶好の機会になる。

本番の様子を記録して、SNSを通じて発信したり、作品集を出版するなど、本番後も活動を続けられる。手を変え品を変え、前にも後にも楽しみながら、活動のサイクルを回し続けたい。

日中に寝過ぎて眠れない夜より、明日のことを考えて、興奮して眠れないような夜を、もう一度取り戻す。老後がこんなに愉快でいいのだろうか？　と悩むぐらい、楽しみにできるハレの日を、自分たちで作っていこう。

## 発表会のおまけ――ファッションも大事

シニアの方から時折「もう歳だから、周囲の眼が気にならなくなった」などという意見を聞く。しかしそれは、とくにファッションに関して「もう手を抜いていい」の意味ではなく、「どんなに派手でもいい」と解釈し直したい。奇抜なファッションは、スーツや制服を着なければならない現役の人にはできない、シニアにしかできない。

高齢になって、おめかしするなんて恥ずかしい、と考えがちであるが真実は、若い人は飾り気のない手抜きでも、見るに耐えられる。年寄りこそ、入念な手入れと華やかさが必要なのである。

海外の様子を見てみると、イタリアの高齢女性のファッションには、度肝を抜かれることがある。指輪やネックレスは日本の感覚からすると（巨大）文鎮サイズ。夏には、日焼けでしわしわになった肌をノー・スリーブで見せつける。胸元を出すのがお洒落であり、中には胸の谷間を魅せているグランド・マザーもいる。[*28]
驚くのはまだ早い。スペインやフランスのビーチにはシニアが大勢いて、しかも八〇代でビキニ姿だったりする。シニア男性も、花柄のジャケットを羽織ったり真珠のネックレスを付けるなど、ファッションを楽しんでいる。シニアがこのように振る舞えるのは、お洒落に気を使い、身なりを整えることは人生の最後までできることであり、シニアの生きる志気を高めると、周囲が理解しているから。シニアがドレス・アップに興味を持ち、時に華やいでみせることを、「年甲斐もない」などと蔑む風潮はない。[*29]
対して日本には、こ汚らしいのと同じくらい、こじゃれたジジイや、こぎれいな意識高い系ババアを「イタイ」（無理している、見る側の目が痛くなる）と受け止める風潮がある。しかしこういうシニアが増えることで、見ている側の目の保養にもなる。だから、たとえ多少、残念な仕上がりであっても、葛藤しながら挑戦している姿に、どうかたくさんの「イイネ」を送って、見守ってほしい。
もちろん、本当の格好よさは内面にある。しかし「外見から」のほうが手をつけやすい。しかも、ファッションは、最も目につきやすい。
すでに、今まで着たこともなかったようなデザインや色の服を買ってみるシニアが現れているが、買うことで冒険した気分になり、それを着る勇気まで出せない。あともう一歩の惜しい人がいる。そこで短足・寸胴・なで肩・首太・でかい頭、だと似合う和服を着ていた先祖の知恵を改めて見習い、若者から見て「老いるのもまんざらではない」と思えるような、シニアだから着こなせるファッションの旋風を巻き起こしていこう。

色使いで考えるなら、可愛い色の代表格であるピンクから始められる。今、着ている暗い色から、ピンクという真逆の世界へ、突入することで、羞恥心が吹っ切れる。明るい色を着ているから楽しい気分でいられるのか、楽しいから明るい色を選ぶのか。[*30] どちらが先でもかまわない、きっと相乗効果がある。

六〇歳のお祝いも、盛人式（二回目の成人式）として、どうせ似合わない赤いちゃんちゃんこや頭巾より、男性は真っ赤かピンクのネクタイ（にタキシード）、女性も真っ赤かピンクのロングドレスを着て踊る、くらいの破天荒が許されていい。

その際、昔のように小股が切れ上がっていない、お尻がきゅっと下がってる、お尻が二つに割れているなどと、気にする必要はない。なぜならスタイルの良さは二の次、それより姿勢の良さがグッド・ルックの秘訣である。

年齢は、姿勢に出やすい。今までよりほんの少し胸を張って顎を引く、目線を下ではなく前に向けて三センチ挙げる、たったそれくらいを心掛けるだけで、印象はガラッと変わる。

白髪も活かしたいものだ。白い髪のほうが、憧れの「バタ臭い」ハーフもどきの雰囲気を出せる。皮膚の美白は難しいが、白髪は頭の美白。白い髪と髭のサンタクロースに、赤い服が似合っているように、華やかな色を着こなすために、白髪はマスト・アイテム。烏（カラス）も歳を重ねて、白毛になればもっと素敵になれるのに、生涯黒毛とは残念である。あるいは、カツラも楽しそうだ。若い時と同じ髪型にする、復元ばかりではなく、装飾品としてのデザイン開発に期待が寄せられる。ツケまつげは装着するのに、手間がかかるし、眉毛もうまく描くのは大変である。その点、カツラは帽子のようにかぶるだけで簡単、コンビニエンスである。

　発表会がいつの日か、絢爛で面白いシニアのファッション・ショーを兼ねる機会になることを願っている。

# 10

## 頭に「おもしろ」がつくシニアが創る

### 面白そうなコミュニティ

## ユーモアの町・ユーモアミュージアム

二一世紀はなにしろ、宇宙旅行が産業になる、といわれる時代である。[*1] 宇宙までは行かなくても、日本から雄飛して、ユーモアに因んだ場所を訪ねることができる。AR（仮想現実）でも旅はできるが、リアル（現実）も悪くない。

毎日が連休状態のシニアであれば、比較的長期の「笑いを学ぶ旅」に出かけられる。「親の居所、子知らず（オリジナル：親の心、子知らず）」。えっ？　またどこか旅行中？　と子に呆れられるほど活発で大いに結構、シニアの鑑（かがみ）である。[*2]

陳腐に見えがちであった生活圏から、異文化圏への訪問者になることで、カセクシスの貧困状態から脱して「この歳になって」「生まれて初めて」の経験を取り戻せる。眠りかけていた知的好奇心・探究心が覚醒して、新しい着眼ができるようになる。

訪れてみたいユーモア・スポットとしては、ブルガリア・ガブロヴォ州の州都ガブロヴォ市がある。隔年で国際ユーモア風刺祭や、毎年五月にユーモア・カーニバルが行われている地方都市である。一九七二年のエイプリル・フールには、ブルガリアで最大級の博物館「ユーモアと風刺の館」（House of Humour and Satire Museum）が創立された。「風刺の館」と称するだけあって「ガブロヴォ人は守銭奴」という、自らのステレオ・タイプをなぞり、過剰な倹約術を持ち前のジョーク（小話）とする。[*3]

実際の小話がどのようなものかというと、彼らは猫の尻尾を短く切る、という。なぜなら猫が出入りするたびに時間がかかると、室内の暖かい空気が外へ逃げてしまうため。貝殻は捨てずに糸で結んで、ダシにするという。なぜならもし近所の人が客を招いたら、このダシを貸してあげるため。使い終わったら、返してもらう気でいるところが、さすが筋金入りである。

博物館のガイドは、ゲストに「嬉しいです！　お越しになったのも、お帰りになられるのも」と挨拶する。これはガブロヴォで、必ず客を玄関まで送るのは、客への礼儀だけではなく、確実に帰ったことを確認するため、というジョークに基づいている。

ギフトショップも徹底している。呼んでいない客が来た時に使う、半分の形のコーヒー・カップや、少ししか入らないように二枚底になっているビール・ジョッキなどが販売されている。[*4]

## キューバ・ドイツ・日本

キューバのサン・アントーニオ・デ・ロス・バーニョス自治体には、ユーモア博物館（Museo del Humor：一九七八年設立）がある。膨大なユーモアについての資料や作品が研究・展示されているほかに、奇数年の四月には海外からのアーティストも数多く参加する国際グラフィックユーモア祭が開催される。[*5]

ドイツの中心に位置するヘッセン州の州都・ヴィースバーデンにも、ハーレキネウム

(Harlekinäum：道化師の意味）がある。別称、ラフター・ミュージアム（笑い博物館）としても知られ、部屋が完全に逆さまになっていたり、トイレがジャングルの中にあるほかに、躍るキャビネットや中を歩ける大きなチーズなど、おかしな展示がいくつもある。ガイドの役はクラウン・ドクターが担当してくれて、ビジターは提供される虎やカラスの足の可笑しなスリッパを履くことになるらしい。*6

日本にはまだ、このような個性的なユーモア博物館はないが、ユーモア・センスを感じる館（やかた）として忍者屋敷がある。本来は敵の目をくらますための構造であったが、今となっては世界の観光客から注目を集めるようになった。

一例としては、妙立寺（石川県金沢市）がある。加賀藩の前田家がお忍びで出入りし、金沢城の防備として利用したことから直接、忍者とは関係ないが侵入者を欺く仕掛けがたくさん備えられた。

当時は、幕命で三階建て以上の建物が禁止されていたため、外観は二階建てで、内部は四階建て七層の造りとなっている。そのため、さっきまで一階にいたと思いきや地下にいたり、行き止まりと見せかけた隠し扉がある。

ほかにも、蹴込（けこ）みの部分に障子を張って、足の影を見て槍で倒せるようになっている階段や、屋根に作られたガラス（かつてはギヤマン）張りの見張り台などがある。外から眺めると一見、普通のお寺であるところがまた、あっぱれなからくりミュージアムと呼べるであろう。*7

## 庭にも仕掛けあり

ガーデン・パスというユーモア修辞法がある。これは相手を故意に戸惑わせる迷路のような面白さのこと。それを地でいくのが、生きて季節ごとに姿を変える植物で、訪れる者をミス・リードしながら歓迎する庭空間である。フランスのサントル・ヴァル・ド・ロワール地方にあるヴィランドリー城のガーデンをはじめとして、世界遺産にもなっている。

西洋の庭園が、地上絵かと見紛うほど壮大なスケールでありがちなのに対して、日本では庭園を、たとえば円窓から見る一枚の絵と見なし、その中に盆栽・手水鉢・灯籠を配置するなど、コンパクトに凝縮する趣向がある。西洋のように、完全な楕円形や角が九〇度の幾何学模様ではなく、手書きやアシメントリー（左右非対称）を用いるのも日本の特徴といえるだろう。[*8]

海外から、日本独特のガーデン様式と思われているのは、枯山水（Zen Garden）である。枯山水は水を用いずに、白砂などを敷いて模様を付けることで、波や水紋を表わす。橋が架かっていればその下は水面であり、石の紋様でうろこを摸して、水の流れ（枯れ流れ）を表現することもある。[*8]

ガイドさんの説明なしに、初めて庭を見る人には、込められている思いが伝わり切らないほど入魂の演出であり、ミス・リードというよりはミステリアスというべきか、笑うほどではないが、深くうなりたくなる。

そういえば日本で古くから「いとをかし（とても趣が深い）」という表現がある。それは、おかしさの語源、昔の人の面白がる能力の原点であり、積極的に興味を覚えて心が惹かれる風流や粋を表す[*9]。

現代における日本語の「面白い」は、英語で interesting, amusing, funny など。「他と違う・あやしい・どこか変」の意味で unusual, strange, suspicious も、面白さの仲間と考えられているようだ[*9]。

なるほど、日本語と英語で違いはあるものの、面白いとは、腹の皮がよじれるような笑いから、ふんわりにこやかな気持ちになれる心地良さまで、実に幅広く、奥深い。楽しい、嬉しい、幸せにつながる感覚の総称であり、へえ、すごい、わあーいなどの感情をも包含しているのだと、改めて感慨深く思い知る次第である。

## 出かけたくなる街並み

覆面芸術家のバンクシーは、風刺が効いたグラフィティ（落書き）アートを、世界のあちこちにゲリラ的に描くことから、芸術テロリストの異名を持つ[*10]。バンクシーの真似は、できるべくもないが、面白いグラフィティが描かれていたり、愉快なオブジェが配置されているような街並みには憧れる。

面白いオブジェと聞いて思い出すのは、福田繁雄（一九三二―二〇〇九）の「男という字のかたち」「女という字のかたち」（一九七四）なる作品で、見る角度によって、男や女という文字に見えるし、男性と女性のシルエットにも見えるダブル・ミーニング（82頁）になっている。[*11]浅草（東京都台東区）にも「二つの顔」を持つシャッターアート商店街がある。それは長さ約二五〇メートルの仲見世通りで、閉店すると全八九店のシャッターに、店舗の境目を跨いで浅草の歳時が「浅草絵巻」として描かれた、シャッター壁画のようになる。

遠くない将来、自動運転タクシーの登場で、人々は自家用車を私有しなくなり、車両数が九〇％減るとの予測がある。車が共有するものになることで、駐車場に使われている場所が公園や住宅に転用されるようになり[*1]、ユーモラスな空間作りの、願ってもないチャンス到来である。面白くラッピングされた電車・バスが往来し、あちこちで大道芸人による路上パフォーマンスが繰り広げられるなど、私たちが暮らす街が、雰囲気だけでもディズニー・ランドやユニバーサル・スタジオに一歩近づけるなら、街は思わず出かけたくなる場所に変わっていける。犯罪を起こす気も萎えるに違いない。

残念ながら現状は、シニアがそれほど外出したいとは思えない街なのだろう。そうでなくても「よくわからないもの」への関心は薄くなる。つまり社会の変化についていけなくなると、関わりたいと思えるものが減り、不活発になる。[*12]

シニアが活動的でなくなると、筋肉が落ちてますます動くのが難儀になる。[*13] 何事にも億劫になり、日々をとりあえず寝て過ごす。「寝たきり」とは違う、仮称・寝っぱなし症候群（多眠族症候群）である。

倹約屋のシニアが思いついた、一銭もかからず、一人でもできる過ごし方であるが、日中のうたたね（朝寝・昼寝・夕寝）にうつつをぬかせば、夜に熟睡できなくなる（仮称：夜も寝ないで昼間寝る症候群）。眠る時間が長くなる分、浅くなることで、精神的に不安定になり、鬱に足をすくわれたり、寝酒など悪習慣が身についてしまう危惧もある。

食べ過ぎや飲みすぎが身体に良くないように、寝すぎもまた有害である。寝ることは良いと思って、せっせと寝ていると陥穽がある。

とくに七五歳を過ぎると、筋肉が衰えやすくなり、石灰質も失われるので骨がもろくなる。寝返りをうった拍子に骨折したり、くしゃみをしてあばら骨（助骨）にひびが入った[*14]とは、前から聞いていたが、座っているだけで、骨折している場合もある。[*15]

筋肉量の低下は、舌や喉など、全身へ及ぶ。誤って気管に入ってしまった食べ物や唾液を、排出することができず誤嚥性肺炎を発症してしまうこともある。[*16]やむを得ない場合を除いて二日以上寝込むと、失うものが大きい。[*17]

今後ますます、シニアがそれぞれの部屋に閉じこもり、社会サービスがドア先まで届けられるのを待機するようになれば、社会は立ち行かなくなる。シニアから言わせてもらえば、閉じこもりではなく、出不精なだけかもしれない。しかも頻尿・失禁・転倒が心配で、他者に気を遣った結果の出不精であろう。

意を決して花見に行っても、確保するのは、花が咲いていなくてもトイレに近い場所。そこまで心がけても、間に合わず失敗してしまった（あせって転倒もしてしまった）経験があったりすると、それに懲りて、ますます出かけなくなってしまう。

## 動き出すシニア

このような時に万が一、笑われたとしても恐れるに足らず（140頁）。面白いことを考えて、頭を切り替える。

手始めに、発表会で鍛えたノウハウを活かすべく、活動の範囲を自助・互助（近しい人）から、共助・公助（地域・市民レベル）へと広げる試みをしてみよう。たとえば「笑う！ 敬老の日」（九月の第三月曜日）を、ユーモラスな祭典として自分たちで運営してみる。もし少しでもお金を集められたら、次の企画の資金にするなど、シニアによるシニアのためのコムラデ（同志）・コミュニティを盛り上げていく。

政府（行政）任せではなく、住民（民間）なかんずくシニアが、主体的に活動しているコミュニティが、これからは繁栄していく。そのためにも、笑い学の課程を十分に学修した人に対しては「シニア・ユーモリスト」のように、称号や資格を授けるほうがいい。

そのことで「学んで終わり」ではなく、人知をリサイクルし、シニアによる地域貢献を本格的に始動できるようになる。シニアが、何かをしてもらおうとする受動態（客体）から踵を返して、積極的で果敢な能動態（主体）へ変わっていける。

現今の「高齢者や障がいがある人の役に立てる資格」としては、介護職員初任者（旧ホーム・ヘルパー二級、厚生労働省認定）、サービス介助士（公益財団法人・日本ケアフィット共育機構）、認知症サポーター（全国キャラバン・メイト連絡協議会）、健康生きがいづくりアドバイザー（一般財団法人・健康生きがい開発財団）などがある。

すでに「笑いの要素が加味された資格」としては、笑い療法士（三／二／一級）（一般社団法人・癒しの環境研究会）や、笑いヨガリーダー／笑いヨガティーチャー（NPO法人・日本笑いヨガ協会）がある。笑い療法士とは、医療や福祉の現場に笑いを広げ、そのことで患者や入居者の治癒力を高めつつサポートする人を指す。パフォーマンスは必ずしも必要とせず、笑わせてあげるというより、日常の笑いを引き出す。[*18] 医療・福祉関係者のほか、患者やその家族、一般の方も取得している資格である。

対して、笑いヨガリーダーは、笑う動作にストレッチ・筋トレ・有酸素運動を組み合わせるなど、笑いヨガの要素を取り入れた「笑いケア」の模範を示すことで、参加者をリードする。笑いヨガティーチャーは、ヨガリーダーを認定する、より高度な資格である。[*19]

今のところ、これらの資格を取得しているのは現役の人が多い。今後は、高齢社会の当事者であるシニア全員が一つや二つ、取得しているのが当たり前になっていきたい。厳しい言い方になるが、今一番構築しなければならないのは、シニア同士が連携プレーすることによるシニア・シッター制度。もっと言えば、先に死のうとするシニアを、次に死のうとするシニアが支える体制である。

どんな自分にも、できることが必ずある、という意識を堅持して、自分が通院・入院（通所・入居）している病院（施設）でも、シニアが関わり合おうとする。シニアが「お一人さま」ではなく「お互いさま」となって、どうにか解決しようとする。[*20]

シニアが感じている不安や不満に最も精通し、よってシニアの需要に最も的確に動けるのは、シニア自身である。無縁社会と縁を切り、同志が持てる能力を持ち寄ることで、シニアの相補・互酬社会を構築していこう。

## 貢献するシニア

そういえばフランスで、老紳士が杖で自分の体を支えながら、老婦人の車椅子を押しているような情景に遭遇する。[*21] 自分たちの問題を傍観せず、当然のごとく、自分たちで立ち向かっている姿である。

もう一つ、日本との違いとしてノブリス・オブリージュ（noblesse oblige：恵まれた者の慈悲）という考え方がある。フランス全体のボランティア数は、日本と比較にならない。しかも八〜九割は退職者であり、始める動機のほとんどは、自分の余った時間を恵まれない人のために費やしたいから。[*21] マネー・リッチ（金銭的に余裕がある）でなくても、若年層に比べれば、タイム・リッチ（時間に余裕がある）であるシニアに果たすべき役割がある、と（フランスに限らず欧米で）自覚している。

イギリスのチャリティー団体であるCAF（Charities Aid Foundation）が、人助け・寄付・ボランティアの三項目について国別にまとめた「世界寄付指数」（World Giving Index）の調査結果がある。覗いてみると二〇一八年度の日本の評価は、一四四か国中、一二八位となっている。

項目別では、他人を助けたかが一四二位、寄付をしたかが九九位、ボランティアをしたかが五六位。「冷淡な国民」とは言えなくても、他者にそこそこ無関心でいられると解釈できる順位である。[*22]

このような結果を反映してだろうか、日本人は英語で **standoffish / offish :**（関係が）遠い、（態度が）よそよそしいと表現されることがある。日本人の肩を持つ言い方をすれば、このようにとらえられるのは曲解であり、本当は気づいてあげられても、どうすればいいか、手を差しのべる方法を知らない。もしくは助けあおうとしてすれ違う、何をやっても裏目に出てしまうほど不器用、のほうが正解である気がする。

しかも積極的に関わろうとしないシニアの根底に、ボランティアなんて恥ずかしい、やるなら気づかれないようにやる、という照れ屋の部分もあるように思われる。また他人の事情なのだから、余計な首をつっこまないほうがよい、という遠慮もあるだろう。しかし同時に「私のような年寄りにはできません」と、あたかも謙る装いで、面倒臭そうなことへ手を挙げずに済まそうとしている疑惑も、あることはある。

二昔前には、ボランティアの話を聞かされて「俺たちにただで働けということか」と、椅子を蹴り飛ばして離席したシニアがいたという。が時代の流れとともに、意を異にするシニアも現れている。

本来、人間は期待値で行動する。要するに報酬が期待できないことに対して、なかなかやる気を起こせない。[*23]また「それをして何の得(儲け)があるか」というGDP至上の価値観に基づけば、儲けにならない低賃金や無償の働きは見下されてしまう。

しかし金銭でなくても、他者に喜んでもらえたり、感謝されても心理的報酬(サイキック・インカム)を得られる。シャンパン・タワーの法則(自分のグラスが満たされる、次第に周辺のグラスも満たされる)には、逆方向もある。

自分が「こうしてあげたい」からではなく、他者からの「こうしてほしい」という求めを叶えさせてあげられることで、自分が満たされていく。[*24]そこには自分にとって喜ばしいことがあっただけでは得られない、相手が喜んでくれてこそ受け取れる、極上の報酬がある。

自分が誰かに必要とされている実感、何かしらの役に立てている体感が、どんなエールよりもその人をポジティブにする。[*14]これは理想論ではなく、福祉先進諸国のシニアなら皆知っている、

「シニアの良識」になりつつある。

## ごく近所は大事――ご近所力

ボランティア活動のスタイルは、純粋無償ボランティア、実費弁償的ボランティア、有償ボランティアの三種類に大別できる。純粋無償ボランティアは、まったくの無報酬で活動する。実費弁償的ボランティアは交通費など、活動経費の実費のみを受ける。そして有償ボランティアは、謝礼的な支給を受ける。

まったく何ももらわないとなると、交通費を持ち出しても平気など経済的に恵まれている人しか参加できず、どうしても活動できる人が限定されてしまう。「少々有償」にすることで、誰かの手伝いをしたい気持ちはあるが、経済的理由で思い留まっている人が参加できるようになる。

「少々有償」の額は、それが仕事の報酬でないことを明らかにするために、市場の相場や、最低賃金以下にすればいい。利用者にとってもまったく無料でやってもらうより、自分の「気持ちだけですが」を渡せることで、そこはかとなく気が済む。[*25]

あるいは金銭ではなく、単位も「円」ではない「縁」にするなど、地域で使えるチケットやバウチャー(引換券)のようなものを発行してもよい。実際の動きとして二〇一五年に、とくに技能がない人も参加できる介護支援ボランティア制度が、全国二八二の市区町村に導入された。これらの自治体で、ボランティア活動（散歩の補助や話し相手）に応じてポイントが付与され、介護保険料などに充当できるようになっている。[*26]

シニアにとって、バスや電車に乗らなくても参加できる範囲内の「ごく近所」が、活動の拠点になれる。まずは自分が依って立つ足元から始めてみよう。実際、数千人が住んでいる大型の団地では、施設が集約されていて利便性が高く、UR再生機構では二〇二五年までに、一五〇団地の地域福祉拠点化を目指している。[*27]

より具体的には、ニュータウンのリ・ニュータウン化として、タウン中央のテナントが閉店し、後継が決まらないような状況で、地元野菜など食材を提供できる人、料理自慢で腕を振るえる人、元気自慢で配膳ができる人が協力できる。皆がくつろげるカフェやサロンなど「シニアの居場所」を、しゃべり場・たまり場でもある「シニアの基地」（笑いの聖地）を作っていけそうである。

その際、キッチン設備のある場所を、一日二千円など廉価で借りる。担当者は日替わり（週一で出勤）や週休四日制にするなど、体調に合わせながら続けられるように考慮する。[*28]

担当の日以外は、仲間が作ってくれた美味しいものが食べられる、カフェやサロンという名の「生存確認システム」へ、客として出かける。日々、お互いがお互いの元気度を見守る、ボディガードになれる。

利用者はシニアだけでなく、たとえば親の帰宅が遅いために、朝食抜きを食らっている（朝食べることを大人になるまで知らない）子どもたちに、愛情を込めて朝ご飯を提供してあげられる。

そのことで実際に孫が（近くに）いなくても祖父母シップが満たされ、自分の活動に胸を張れるようにもなる。

傍観者ではなく、自らが片棒を担ぐ。熱心に関われば関わるほど、そのお蔭で、地域の発展をあたかも自分の発展と重ねて、楽しみにできるようになるのではないだろうか。

## 次世代のために

他の国々からみたら、長寿王国の日本は憧れの的であろう。しかし王国内には、それなりの試練がある。言いにくかったので今まで遠巻きにしてきたが、ここで言及しておこう。

まずはこの先、年金支給額がジワジワと下がり、経済的に安心してシニア期を過ごせなくなることが懸念されている。とくに、団塊ジュニア（一九七一―七四年生まれ）の中には、職場が不安定な人が多く、経済的に老後に備えられないのでは？　と不安視されている。[*20] 失われた二〇年（一九九一年からの二〇年）と就職氷河期を生き延びてきた彼らから見れば、シニア層は確かに苦労もしたけれど、パチンコでいえばジャラジャラ「出っぱなし」だった急高度成長期を謳歌した世代である。

さらに、コロナ禍によって失業・倒産を強いられた現役世代が、定年を迎えたシニアがなおも働き続けようとする姿を見るにつけ、先代の老いがいのために自分たちのチャンスが奪われている、と厭忌の情を抱きかねない。彼らには今後、千兆円規模の政府をはじめとする公的債務まで負わせられる予定もあるのだ。そうでなくても、シニア層が予想を超えて長生きするようになっただけで、老青の溝は深まり、お互いにとって居心地のいい社会をつくることが、以前のどの時代より難しくなっている。

パピルス・ランシング（古代エジプトの文書）には「若者よ、なんとお前はうぬぼれていることか、お前は私が話すとき、聞こうともしない」と記されている。[*29] 若者は古い価値観の破壊者であり、先鋭的な文化の創造者であるから、いつの時代にも年長者の目障りであったに違いない。[*30] 現代になっても、とんがって反発し、周囲の大人を傷つけて成長するのが、若者の仕事である。

そうと知りつつも、今のままシニアと若者の確執が続くならば、お互いを冷笑の標的にして背反し合うようになる。早晩、日本古来の敬老文化は面影なく消え、長年積み上げてきた感謝されるはずのことも、全部まとめて老害と見なされてしまうだろう。

ならば現代のシニアは、世代間に憚る不平等を解消するために、次の世代全体が、それほど資金がなくても楽しく生きていける社会を構築するために力を注ぐことができる。自分が長く働いて、自分の子孫のためにお金を残すのも良いが、現存の、何をするにもお金のかかる社会を、何をするにもそれほどお金のかからないシェアリング・エコノミー（共有型経済）に、切り替えるためにも動く。年金が少ないことに加えて、とりくずせる預貯金も少ないであろう次世代が、シニア期に突入する前に、何とかこぎ着けておきたい。

## リサイクル&リペア・シェアリング経済の構築

気づけばいつしか、私たちは物を所有しすぎていたようだ。だからそれらを使わなくなった時、捨てずに中古品として販売してもいいが、中古品をさらにレンタルやサブスク方式（一定期間の利用権として料金を支払う）にすることで、より多くの人が使えるようになる。国内のみならず、世界規模でそうなることで、ＳＤＧｓ（持続可能な開発目標）に掲げられている貧困の格差も減らしていける。

しかも何を隠そう、もともとこのような使い回しは、私たち日本人にとって馴染み深い経済であった。江戸時代の紙屑買い・古傘買い・古釘買いや、抜けた髪の毛を買うすき髪買いは皆、リサイクル業。さらにはゲタ専門の修理職人、提灯の張替え職人、そして鍋窯の修理をする鋳掛屋（いかけや）や、茶わんや壺の修理をする瀬戸物焼き継ぎ屋など、リペア職人が活躍していた。[*31] 物を持ちすぎないことは当時、地震や火事に備える防災対策でもあったのだ。

日本の国技とも言えそうな、ものを捨てずに修理しながら大切に使うリサイクル&リペア経済はそのまま、先代と次世代のシェアリング経済になる。早くも、復活させようと動いている先代がいる。昔ながらの壊れた玩具を、新しく買い替えるのではなく、わざわざ修理して遊べるようにしてくれる、人呼んで、おもちゃのシニア・ドクターである。

食品ロスを減らすために、フードバンク（食料銀行）で活動しているシニアもいる。廃棄扱いとなる食品を引き取って、児童養護施設や路上生活者など、食料を必要としている所へ無償で提供するべく、自身でトラックを運転して、時には遠方まで出かける。[*32] かつての、食べるもののない辛さを、身にしみて知るフード・バンカーである。

このような奉仕的・他利的な関わりを通じて、社会問題の解決や変革までを視野にいれる活動はフィロンソロピー（philanthropy）、その際に現役時代の専門的技術や体験知を使って活動することはプロボノ・パブリコ（pro bono publico）と呼ばれる。

## 頭に「おもしろ」がつくシニア

シニアが社会活動家として、社会のお荷物から、かけがえのない資源に転身する。「もっとふざけろ！」の精神を高く掲げて、人から笑われるくらいの大きな夢を持ったシニア・ダイナモとなって返り咲く。それが私たちが今、作るべき高齢社会像ではないだろうか。

そのために学んだ笑い学を、積極的に役立てていきたい。たとえばシニアおもしろ編集長、こちらはシニアから「今は昔の話」を聞き取り、自分史を創る手伝いをする。

シニアの中には、学齢期に学校へ行きたくても行けなかった人や、現在体調が思わしくないために執筆できないなど、単独で完成させられない人がいる。そこで手助けをするのだがその際、大昔の誰も知らない話の信憑性は一切気にしない。

なぜなら自己肯定や自己満足は生きる力になる。これから頑張るために、往時を加工修正しながら、自分史創りに取り組むこと自体が、ポジティブな活動だからである。ただし単なる美談や武勇伝だけでなく、面白い部分を入れた物語づくりを心がける。どんなに格好良くてもロマンチックであってもかまわない、面白くささえあれば許す。笑い学の教えの一つである。

笑い学を習得しておけば、このように頭に「おもしろ」が付いた役を担える。ほかにも、おもしろ語り部。笑顔になれるベッドサイド・ストーリーは、子どもだけでなく、不安や苦痛を抱えて眠れない夜を過ごしがちな、シニアも聞きたい。

あるいは肢体の不自由があり、旅行に参加できないと諦めていた人にとっての助っ人、「おもしろトラベル・サポーター」になれる。話の相手をしながら、ついついボケと突っ込みを入れてしまう「おもしろ傾聴アドバイザー」も頼りになりそうだ。

## 「面白そう」という起爆剤

「面白そう」は人をつなぎ、人の背中を押す力になる。世の中を突き動かすれっきとした、無尽蔵のエネルギーになれる。[*33]

しないで済ませようとしてきた、したくなかったはずのことでも、ちょっとした「面白そう」が加わると、ひっくり返せる。気づけば、やってみたくなるなんて、騙されて・ひっかかるマジックにも通じる。

　この、むりやり行動を変えさせるのではなく、自発的な行動変容を促す「面白そう」という仕掛けに、社会のためになるという公益をつけ加えることができる。具体例としては、航空科学博物館や科学技術館で体験してみた方もいるだろうか、コイン・スライダーのついた募金箱がある。

　これは、手前と奥にあるスライダーにコインを立てて入れると、コインが（サイクリングレースのように）円錐面の斜面をグルグル回転しながら加速するが、最後は中央部分にある穴に捕えられ、箱の中に吸い込まれる。その前に、落ちそうでなかなか落ちないコインが、三〇回ほど螺旋を描きながら、風切音（効果音）を出して疾走する、御礼のサービスがある。ポケットの小銭が急に邪魔に思えてきて、遊ぶ感覚で募金ができる。[*34]

　コインではなくゴミを入れるアイディアとして「世界一深いゴミ箱」がある。こちらはスウェーデンにあるフォルクスワーゲン社が行ったファン・セオリー・コンテストの入賞作品で、ゴミを捨てると落下音が聞こえはじめ、それが八秒ほど続いた後に衝突音が聞こえる。空気抵抗がないと仮定すると、ゴミ箱の深さが約三〇〇メートルある、ことになる。[*34]ゴミを捨てるな、ではなく「面白そう」に誘われて、思わずゴミ拾いをしたくなるとは、まんまとしてやられたり。

　ほかにもゴミをダンクシュートできて、シュートが決まるとゲームで当たりが出た時のようなピカピカが派手に発光するなど、ユーモア商品の開発ができそうだ。

## 授受能力を上げる

戦中・戦後の赤貧を忘れずにいる団塊の世代（とその上の世代）は、もったいない（できるだけ無駄にしない）と感じられる、最後の吝嗇家なのかもしれない。「転んでもただは起きない」（できるだけ損をしない）をモットーとして生き延びてきた。ならば彼らにとって、やらなければ損をすると感じるくらい「面白そう」な活動があれば、動き出しやすくなりそうだ。

誰かによって「やらされる」のではなく、自分が喜んでやるならば、喜べた分だけお得になる。[*35] 誰かに「してあげた」と思うと「あげた」分、損と感じるが、自分がやらせて「もらった」と考えることができれば「もらえた」分、得できる。

ここまではやってあげてもいいけど、これ以上は損になるからやらない、など底の浅い取引をすると、そんなことをした自分が、その空しい事実を抱え込むことになる。だから自分のためにも、最初から深い愛を差し出しておくほうが損をしない。[*36]「得する」や「得る」と聞くと、受け取ることを連想しがちだが、反対に差し出し、与えることで獲得できる。

嗜好を極める私生活主義に専念してみても、詰まるところ、自分が楽しくて幸せ、でもそれだけ？　と私たちは飽きてしまうし、気づいてしまう。幸せは、自分の思いどおりにいくことではない。自分と関わっている周囲が、幸せであると感じることによって得られる。[*37] 逆に、自分と関わった人が幸せではなかったと感じることは不幸である。

しかも遊び甲斐だけを追求して老年期を過ごし続けていると、現役時代のように胸を張れなくなる。自分から授けられるものがないと感じれば、次第に、支援を受けとる能力が不足して、困っていても助けを請えなくなってしまう。やがて、できるだけ誰にも迷惑をかけない、が第一願望になるほど萎縮してしまう。

迷惑をかけられても、それを迷惑だと思わなかった昔。それは助け合うのを当然と考えていたからではないだろうか。あるいは自分が先にたくさん助けておいたので、助けが必要になった時、あまり遠慮しなくて済んだのではないだろうか。

シニアになりかけの時など、何でもやってあげられているうちはいい。[*38] ところが何でもやってもらわなければ一日を過ごせない立場になった時、それでもなお生き続ける価値が、意味が自分にあるのかと、人は考えるようになる。他者のお世話になりながらも、まだ死ななくてもいい理由を探してしまう。[*17]

すなわち誰かの助けを求める立場になるにつれて、自分も誰かに必要とされたいと感じていく。だから「持ちつ持たれつの関係性」の中で、授受能力を発達させながらシニア期を過ごしていくことが、何としても重要である。

## 老い果せる・老い遂せるために

時間と労力を差し出すことは寄付行為である。自分を使うことで、寄付するお金がなくてもできる。もちろん、お金を出してもいい。とくに近年、亡くなった後、遺言によって財産（の一部）を公益法人や学校に送る遺贈が増えている。[*39]

現代における相続財産は、年間三七兆円〜六三兆円で、国の税収並みの規模となっている。遺贈によって、たった一％を公益活動へ回せるようになるだけで、三七〇〇億円から六三〇〇億円、さまざまな社会の課題を解決できそうな額になる。[*39]

国内のみならず、世界の恵まれない人々のために遺贈する人もいる。このような場合、生前に現地へ海外視察に出かけ、自分の死後、どのように遺産が使われるのか、自分の目で確かめるばかりでなく、たとえば学校を作る際に自分のアイディアを提案して、活かしてもらう。あるいは日本の文化を伝える役を果たしながら、現地の方々と交流できる機会があるなど、生きている時も活動に関与できるとしたら、自己効力感に満ちたシニア期の過ごし方になるだろう。

もしくは死後に使わなくなる（最期に住んでいる）家を寄付する。その家の持ち主であるシニアが生前から、自分の家を再利用する企画に参加できる。自分がいなくなったあと、自分の築いた家が形を変えて活用される未来の計画を立てながら、晩年を過ごしていけるとしたら、相当充実していると言えるだろう。

自分が長い年月をかけて手に入れた知や財であるが、もう自分では使えなくなるとき、惜しげもなく必要としている人に、譲り授ける。計りきれないような価値のある、過日の自分の栄光を、次の誰かの栄光のために…。

自分が肩車をして、後継者たちを活躍できる舞台へと押し上げて、そのことをおくびにも出さない。恩にも着せず、さりげなく、最高のバトンを渡す。そんな一番格好いい「謳われない英雄」（アンサング・ヒーロー）の役は、シニアにしか演じられないようになっている。

寿命一二〇年といわれるマダケ。一二〇年目に一度、最後に竹の花を咲かせる、と同時に、茎でつながっている竹がすべて死ぬ。[*40]「死に花を咲かせる」とは、江戸時代にも用いられていた表現だが、実に「粋な死に様」である。

最後だけ、しおらしく、くたばるなんて、今時シニアの柄に合わない。社会のため・次世代のためになる、それが自分のためになる生き方（逝き方）をする。掉尾の勇を奮って、ここまできる人を「尊敬するな」というほうが難しい。

若者がマジで惚れるが、時すでに遅し。シニアの「遅すぎる死」が「惜しまれる死」へ、嫌老・棄老文化が敬老文化へ戻っていく。と、そこまで願うのは、願い過ぎかな。

ただ、それぞれが、人生の花道を揚々と引き揚げることにする。人生の最後まで、そして最後だから。私たちはそうありたいし、そうあるべきだ、と胸が騒ぐのである。

自分に残された「先」が短くなり、「自分のこれから」が消えかけてきた時、自分のためだけに頑張り続けることは困難である。そのような時、誰かの未来につながって、その夢を叶えるために生きることができる。

次世代のためにワイズ・フール（愚人のフリができるほど賢い、三枚目役）になったり、公共のために社会活動家になることは、自分が人生の最期に「いい人生だった」と思える実績になる。あとは死ぬこと、しかすることがないぐらい、死が間近に迫ってきたら、めざすのは納得できる死を入手することである。納得とは、自分次第で得られる主観である。つまり人生は、自分で肯定（否定）できる。逆に自分でしか、できない。

死を前にして、普通のことを「してきた」は、普通のことしか「しなかった」に変わる。しでかしたことへの悔恨は、年齢を重ねるごとに薄められるが、遣り損ねてまだ「していない」ことに対するもだしがたい未練は、歳月を経るにつれて強まる。人間は、行動した後悔より、行動しなかった後悔のほうが深く残ると、コーネル大学・心理学のトム・ギロビッチ教授（一九五四—）の言葉にもある。

「失敗しないように」と留意して、挑戦することを避けてきた人生が終わる時、節約したつもりで無駄に生きてきたのではないかと、ふと考える。人生が短ければ、短かったのだから仕方ない、と短いせいにできる。しかし長ければ、長年生きて、やり直す歳月があったのに、やろうとしなかったのではないか、と疑う。もう何もできないほど弱くなった時に、自分を自分が問いただす。

いっそ最後まで気づかないでいられればよいのに、死を前にして人間は最期の成長を遂げて、新しく気づく。哀しいかな、人間は死ぬ時に目覚める。

「前」もってできればいいのに「後」になってからでないと後悔できないとは、つくづく人生は、撞着と皮肉の笑いに満ちている。だから今までは、「迷ったらやめておく」だったことに、これからは挑んでみよう。死ぬのが惜しくないと思えるぐらいに、やりたいことを、やるべきことをやり尽くす。最後に後悔しない人はいないが、後悔を減らすことはできる。少なくとも、笑いがある死のほうが、哀しいだけの死よりいいではないか。

「生老病死」に倣うならば、人は生きて老いて、病んで死ぬ。しかし遅老遅死が現実となった今、老いるのも病むのも、そして死ぬのも、今までとは勝手が違う。なにしろホモ・サピエンスの歴史、始まって以来、前人未到の長命である。

世界的にも、日本は高齢化率・第一位のチャンピオンである。望むと望まないとにかかわらず、世界が、長寿者のメッカである日本の、シニア層の後を追いかけてきている。なかでも、団塊の世代と呼ばれる一群が多勢であるのは、運命のいたずらでも、偶然のなせる業でもない。生まれながら、数に物を言わせて社会を変革する使命を担わされて、現れるべくして現れた世代である。
思い返せば、団塊の世代が高齢者になりたてだった二〇一〇年頃から約一〇年が、高齢社会の絶頂期であった。ジェットコースターで言えば、登り切る地点。しかしその世代が七五歳を越え、後期高齢者数が多く、その期間が長いのが、日本の高齢社会の特徴となった。この後は、絶叫しながら急降下する形勢にある。

高齢社会の行く末を変えることができるのは、政治家ではない。シニアの一人一人であり「前例のない」で鳴らしてきた、彼らならではの動向が、想定外の勇断が、日本の将来を大きく変えていく。シニアがユーモリストになることが、個人としてのシニア期の質・逝き方の質を上げるのみならず、次世代と社会の未来を救う。

現代は、歴史的に見た時に、非常に特別である。というのもこの高齢社会は、二〇四〇年前後に多死社会のピークを過ぎて、二〇五〇年まで持ち堪えられれば、頭に「高齢」がつかない、元の社会に戻っていく。

現在に限らず、どの時代に生きても、その時代なりの、明暗があるだろう。今の時代に生きてよかった、と思える社会を築いていけるのは、今の社会の住人しかいない。

しかし、この長命をどう活かせばよいのか、本当は誰にもわからない。わからないながらも手を打たないと、人類史上初の寿(ことほ)ぐべき恵みを無駄使いしてしまうことになる。私たちが今、何かを思いつかなければならないのだ。

笑い学のカリキュラムが社会に普及することで、シニア期をポジティブに過ごせるようになる。世界の中で、無神論・無宗教者の割合が多い日本にとって、死への恐怖を緩和するための導きともなるメソッドである。医療・福祉の専門家、親を介護している子世代など見送る側にとっては、悲嘆療法（グリーフセラピー）にもなる。

笑いと哀しみは、しりぞけ合わずに両立する。どころか途方もない哀しみに打ちひしがれないための頼もしい伴走者になる。[*1] 綺麗事だけで片付けられないシニア期に、笑い学を傍らに感じられることは、未だかつてないほどの意味を持ち、効果を発揮するであろう。

先人と同じようには老いて死んでいけない、初めて尽くしの時代だからつくりだせる、先人は取り組んだことのない笑い学で、有終のユーモアを身につける。「老・病・死をユーモアで飾る」シニア像の先駆けとなり、それを世界へ発信する。このことは長寿王国の美学であると同時に、使命とさえ思える。これをもって、ニッポン・シニアの、世界に誇る流儀にしたいものだ。

どの先代より、矍鑠（かくしゃく）としたシニアの面々を目の当たりにする時「今なら！　できる！」という気持ちが弥増（いやま）さる。限りなく確信に近く、強くそう思うのである。

二〇二一年六月

小向 敦子

# 引用文献・参考文献

本文中に付した「＊数字」は文献の番号であり、複数箇所に同じ番号を付すこともある。

文献番号は章ごとに付すため、同じ文献が章によって違う番号となることもある。たとえば「土屋賢二（２０１３）『紳士の言い逃れ』文藝春秋」は、２章では「＊24」、６章では「＊16」である。

各文献の引用（参照）ページは、掲載順ではなく昇順とした。

引用（参照）したインターネット情報の閲覧日は、すべて２０２１年４月１日である。

## １章


1 木村洋二編（２０１０）『笑いを科学する』新曜社、83・84頁

2 関西大学ＨＰ（https://www.kansai-u.ac.jp/Fc_hw/education/curriculum.html）

3 松竹芸能事業開発室「笑育」プロジェクト、井藤元監修（２０１８）『笑育』毎日新聞出版、52・53・189頁

4 松竹芸能笑育（http://www.shochikugeino.co.jp/waraiku/waraikuabout.html）

5 Ｗマコト（２０１６）『笑いの力』経法ビジネス新書、94・153・185頁

6 シニア大樂ＨＰ（http://www.senior-daigaku.jp）

7 日本笑い学会ＨＰ（http://www.nwgk.jp）

8 立教セカンドステージ大学ＨＰ（https://www.rikkyo.ac.jp/academics/lifelong/secondstage/）

9 高田文夫（２０１７）『また出た私だけが知っている金言・笑言・名言録②』新潮社、101頁

10 成毛眞（２０１８）『俺たちの定年後――成毛流・60歳からの生き方指南』ワニブックスＰＬＵＳ新書、128頁

11 ヒット習慣予報 vol.99『老年大学@中国』2019.12.10（https://www.hakuhodo.co.jp/magazine/75890/）

12 「中国で５年後には５，０００万人以上の高齢者教育が実現？～「高齢者大学生」が急増中」（https://ampmedia.jp/2018/09/28/china_elderly/）

13 木下康仁（２０１８）『シニア・学びの群像――定年後ライフスタイルの創出』弘文堂、289・302頁

14 文部科学省編著（２０１８）『諸外国の生涯学習（教育調査 第155集）』明石書店、44・107頁

15 ロード・スカラーＨＰ（https://www.roadscholar.org/）

16 栗栖茜（２００８）『がんで死ぬのも悪くはないかも――がんで尊厳死するためには―医療の現場からのレポート』海山社、235頁

17 Ｂ・Ｆ・スキナー、Ｍ・Ｅ・ヴォーン共著、大江聡子訳（２０１２）『初めて老人になるあなたへ――ハーバード流知的な老い方入門』成甲書房、34頁

18 フリードリッヒ・ニーチェ、吉沢伝三郎訳（１９９３）『ニーチェ全集10 ツァラトストラ（下巻）』ちくま学芸文庫、290頁

19 マイケル・ラルゴ、橘明美監訳（２０１２）『図説死因百科』紀伊國屋書店、394頁（Michael Largo. Final Exits）

20 大阪国際がんセンター（www.mc.pref.osaka.jp/.../35c8769fea500040955cb83d2492fb）

21 佐藤富雄（２００６）『幸運が舞い降りる笑顔の法則――あなたを変える「太陽の笑顔」と「満月の涙」』スリーエーネット

ワーク、117頁
22 中島隆信（2019）『「笑い」の解剖――経済学者が解く50の疑問』慶應義塾大学出版会、176頁
23 笑わない高齢者・介護必要になるリスク一・四倍に 名古屋大など［NHK https://www3.nhk.or.jp］NHKニューストップ（2020年7月16日5時41分）
24 渋谷昌三（2004）『ピンピン・コロンの心理学――サクセスフル・エイジング読本』ぶんか社、162頁
25 江見明夫（2006）『笑いがニッポンを救う――生涯現役でピンピンコロリ』日本教文社、142頁
26 前田由美子（2019）「医療関連データの国際比較――OECD Health Statistics 2019」『日医総研リサーチエッセイ』No.77（1-30頁）日本医師会総合政策研究機構、27頁（www.jmari.med.or.jp/download/RE077.pdf）
27 土屋賢二（2009）『教授の異常な弁解』文藝春秋、182頁
28 ヒロシ（2016）『ネガティブに生きる。――ヒロシの自虐的幸福論』大和書房、33頁
29 久坂部羊（2007）『日本人の死に時――そんなに長生きしたいですか』幻冬舎新書、179頁
30 谷本真由美（2018）『脱！暴走老人――英国に学ぶ「成熟社会」のシニアライフ』朝日出版社、206頁
31 木原武一（2006）『老年よ、「我まま」に生きよ――賢者に学ぶ幸福論』日本経済新聞社、117頁
32 立川昭二（1996）『江戸老いの文化』筑摩書房、228・231・236頁
33 サイモン・クリッチリー・杉本隆久・國領佳樹訳（2009）『哲学者たちの死に方』河出書房新社、180頁（The book of dead philosophers, Simon Critchley Granta publications, 2008）
34 志賀貢（2017）『臨終医は見た「いのち」の奇跡――60歳からの〝人生の岐路〟に効く、生命力の磨き方』インプレス、137頁

## 2章

1 賀来弓月（2018）『フランス人は「老い」を愛する――60歳からを楽しむ生き方』文響社、48・208頁
2 草刈マーサ（2019）『ユーモアコミュニケーション――場の雰囲気を一瞬で変える！』芸術新聞社、41頁
3 野村亮太（2016）『口下手な人は知らない話し方の極意――認知科学で「話術」を磨く』集英社新書、172頁
4 綾小路きみまろ（2009）『妻の口一度貼りたいガムテープ』PHP文庫、35・69頁
5 向後千春（2017）『幸せな劣等感――アドラー心理学〈実践編〉』小学館新書、173頁
6 土屋賢二（2017）『年はとるな』文春文庫、153頁
7 土田晃之（2015）『納得させる話力』双葉社、83頁
8 太鼓持あらい（2004）『太鼓持あらいのユーモア話術――「賢いバカ」の極上の知恵』三笠書房、156頁
9 天久聖一編（2014）『書き出し小説』新潮社、147・187頁
10 中村明（2012）『文学の名表現を味わう――日本語のレトリックとユーモア――文学の世界』NHKシリーズ・カルチャーラジオ、11・13頁
11 晴山陽一（2013）『うまい、と言われる1分間スピーチ――10

の「伝える」技術で身につける』土屋書店、54頁
12 若林一声（2004）『笑いの力を借りなさい』文芸社、33頁
13 佐藤卯一（2012）『使える！通じる！おやじギャグ英語術——72歳はとバス名物ガイドが教える』飛鳥新社、57・61・66頁
14 高橋幹夫（1998）『江戸の笑う家庭学』芙蓉書房出版、170頁
15 坂本浩一（2001）「福沢諭吉と申します」『笑い学研究』第8巻（149-154頁）日本笑い学会、153頁
16 丸山孝男（2011）『アメリカの大統領はなぜジョークを言うのか——名句・迷言・ジョーク集』大修館書店、156頁
17 いちらん屋（ichiranya.com/entertainment/001-strange_name.php）
18 鈴木ひでちか（2014）『爆笑する組織——会社を強くする「だじゃれ」仕事術』自由国民社、229頁
19 競馬に笑いを！-珍馬名50選（https://hashiqre.com/2017/10/25/）
20 元祖は15世紀、フィレンツエ絶世の美女「麗しのシモネッタ」と呼ばれた、ミセス・シモネッタ・ヴェスプッチ（Simonetta Vespucci）
21 殿村政明（2011）『笑いの凄ワザ——仕事が変わるコミュニケーション・スキル』大和出版、87頁
22 殿村政明（2010）『笑いのスキルで仕事は必ずうまくいく——一瞬で相手の心をツカむ！』小学館、26頁
23 難波義行（2015）『売れっ娘ホステス笑わせ上手の会話術——一流芸能人に学べば、もっと好かれる可愛がられる』こう書房、185頁
24 土屋賢二（2013）『紳士の言い逃れ』文春文庫、177頁
25 Editors of Reader's Digest. (2011). *Laughter Really Is The Best Medicine*, New York: Trusted Media Brands, p.131.
26 中谷彰宏（2013）『なぜあの人の話は楽しいのか』ダイヤモンド社、67頁
27 池内紀（2017）『すごいトシヨリBOOK——トシをとると楽しみがふえる』毎日新聞出版、62頁
28 黒川由紀子、小野庄一写真、大塚宣夫監修（2003）『百歳回想法』ソトコトclassics、105頁
29 谷本真由美（2018）『脱！暴走老人——英国に学ぶ「成熟社会」のシニアライフ』朝日出版社、70頁
30 ジミー重岡（2017）『笑いの手品師——老人ホームが笑顔でつつまれた手品実践記』花伝社、38・39頁

## 3章

1 別役実（2003）『別役実のコント教室——不条理な笑いへのレッスン』白水社、83頁
2 中村明（2002）『文章読本笑いのセンス』岩波書店、56・60・95頁
3 阿川佐和子ほか（2004）『ああ、腹立つ』新潮文庫、92頁
4 井上弘幸（2003）『「お笑い」を学問する』ブックレット新潟大学、19・20頁
5 National Geographic Kids. (2012). Just Joking, Washington D.C.: National Geographic, p.142.
6 倉本美津留（2018）『笑い論——24時間をおもしろくする』ワニブックスPLUS新書、130頁
7 加瀬英明（2003）『ユダヤ・ジョークの叡智——逆境も窮地も、

笑いで切り抜ける』光文社知恵の森文庫、248頁
8 土屋賢二（2016）『無理難題が多すぎる』文春文庫、62頁
9 松崎俊道（2016）『談笑力――悩ましい人間関係によく効く小噺ジョーク集』近代消防ブックレット、30・34頁
10 **Joseph Rosenbloom. (1996). Jokes, New York: Sterling Publishing, p.260.**
11 アレン・クライン・片山陽子訳（2001）『笑いの治癒力II』創元社、57頁
12 北村元（2003）『イギリス人のユーモア――日本人には思いつかない』PHP研究所、62頁
13 外山滋比古（2003）『ユーモアのレッスン』中公新書、151頁
14 森下伸也（2003）『もっと笑うためのユーモア学入門』新曜社、190頁
15 鈴木ひでちか（2014）『爆笑する組織――会社を強くする「だじゃれ」仕事術』自由国民社、61頁
16 土屋賢二（2017）『年はとるな』文春文庫、55・97頁
17 小林章夫（2003）『イギリス紳士のユーモア』講談社学術文庫、129頁
18 森佳子（2002）『笑うオペラ』青弓社、14頁
19 織田正吉（2013）『笑いのこころユーモアのセンス』岩波現代文庫、172・186頁
20 野村亮太（2016）『口下手な人は知らない話し方の極意――認知科学で「話術」を磨く』集英社新書、121頁
21 草刈マーサ（2019）『ユーモアコミュニケーション――場の雰囲気を一瞬で変える！』芸術新聞社、73頁
22 山口タオ（2013）『ことわざおじさん』ポプラ社、83・123頁
23 氏田雄介（2018）『54字の物語――意味がわかるとゾクゾクする超短編小説』PHP研究所、157頁
24 トーマス・ライト、幸田礼雅訳（1999）『カリカチュアの歴史――文学と美術に現れたユーモアとグロテスク』新評論、7頁
25 下店静市氏の著書が出版されたのは1927年（アルス美術叢書 第26編）。田河水泡（2016）『滑稽の研究』講談社学術文庫、229頁
26 田河水泡（2016）『滑稽の研究』講談社学術文庫、227頁
27 長島平洋（2000）「日本のジョーク――福沢諭吉「開口笑話」と尋常小学国語読本」『笑い学研究』第7巻（19-33頁）日本笑い学会、19頁
28 保坂隆（2018）『人生は「定年後から」が面白い！』知的生きかた文庫、205頁
29 藤代尚文編（2010）『一発朗――20文字以内のダジャレ・おやじギャグ・死語・流行語・時事ネタ・ブラックユーモア・パロディ・誤変換・誤植・誤読・誤聴・あて字・韻文・回文・アナグラム・リエゾン・撞着語・なぎなた読み・スプーナリズム・ベタ語・対義結合・一発ギャグ集』社会評論社、179・192頁
30 立川談四楼（2009）『もっと声に出して笑える日本語』光文社知恵の森文庫、286頁
31 吉沢久子・清川妙（2007）『八十八歳と八十五歳。――ひとりを楽しむ手紙友達、食べ友達』海竜社、164頁
32 吉本隆明（2002）『老いの流儀』日本放送出版協会、200頁
33 石原慎太郎・瀬戸内寂聴（2003）『人生への恋文』世界文化社

年、187頁
34 土井淑平（2002）『尾崎翠と花田清輝――ユーモアの精神とパロディの論理』北斗出版、195・202頁
35 ハワード・ヒベット・文学と笑い研究会編（2003）『笑いと創造（第3集）』勉誠出版、14頁
36 早坂隆（2011）『100万人が笑った！「世界のジョーク集」傑作選』中公新書ラクレ、214・227頁
37 倉本美津留（2019）『パロディスム宣言――笑い伝道師の名画鑑賞術』美術出版社、22頁
38 B・F・スキナー、M・E・ヴォーン共著、大江聡子訳（2012）『初めて老人になるあなたへ――ハーバード流知的な老い方入門』成甲書房、178頁
39 デュシャンの作品名：L.H.O.O.Q。ボテロの作品名：Mona Lisa。コロンビア、ボテロ美術館蔵
40 荒木経惟（2013）『アラーキー洒落語録――天才！いろは歌留多』双葉社、167頁
41 夏川立也（2013）『面白いほど話が弾む！魔法の「10秒！」きっかけフレーズ』学研パブリッシング、75頁
42 TOKYO MX「5時に夢中！」編（2019）『ことわざアップデートBOOK』スモール出版、28・75・90頁
43 綾小路きみまろ（2009）『妻の口一度貼りたいガムテープ』PHP文庫、153頁
44 昇幹夫（2000）『笑顔がクスリ――笑いが心と体を強くする』保健同人社、67頁
45 生野幸吉・檜山哲彦編（1993）『ドイツ名詩選』岩波文庫、129頁
46 上野健一（2009）『団塊の老後――日本型シニアタウンを創造する企業集団』イースト・プレス、42頁

## 4章

1 山田航（2016）『ことばおてだまジャグリング』文藝春秋、41・49頁
2 稲葉茂勝、倉島節尚監修、ウノカマキリ絵（2016）『日本語あそび学――平安時代から現代までのいろいろな言葉あそび』今人舎、4・37・53・56頁
3 杏花手帖（http://www13.plala.or.jp/nami/index.html）
4 桂文珍（2000）『新落語的学問のすすめ』潮出版社、144・147頁
5 伊藤文人（2016）『かけコトクイズ――同じ言葉で違う意味――かいがいにいる』ポエムピース、29頁
6 小野恭靖（2005）『ことば遊びの世界』新典社選書、105・122頁
7 鈴木ひでちか（2014）『爆笑する組織――会社を強くする「だじゃれ」仕事術』自由国民社、131頁
8 山口タオ（2013）『ことわざおじさん』ポプラ社、4頁
9 槙田雄司（2012）『一億総ツッコミ時代』星海社新書、25頁
10 ジミー重岡（2017）『笑いの手品師――老人ホームが笑顔でつつまれた手品実践記』花伝社、23頁
11 高田文夫（2016）『私だけが知っている金言・笑言・名言録』新潮社、126頁
12 春山武松（1950）『平安朝絵画史』（第26圖「あし手のいろは」）朝日新聞社、211頁
13 岩崎均史（2004）『江戸の判じ絵――これを判じてごろうじ

ろ』小学館、120頁
14 鈴木棠三（2009）『ことば遊び』講談社学術文庫、132頁
15 織田正吉（2013）『笑いのこころユーモアのセンス』岩波現代文庫、154・210頁
16 ねづっち（2014）『江戸のなぞなぞなぞかけ食堂――なぞかけ博士ねづっちからの挑戦状』理論社、4・5頁
17 アン・ジョナス作、内海まお訳（1984）『光の旅かげの旅』評論社
18 せとちとせ（2019）『笑う回文教室――アタマを回してことばであそぼう』創元社、6・58頁
19 すみだ北斎美術館（https://hokusai-museum.jp/）北斎の作とされ、川柳の句集『誹風柳多留』に載っている。
20 興津要（1989）『江戸川柳散策』時事通信社、211頁
21 NHK「着信御礼！ケータイ大喜利」制作チーム編（2009）『ふたたび着信御礼！ケータイ大喜利』ヨシモトブックス、171頁
22 柳家紫文（2015）『人生に役立つ都々逸読本――七・七・七・五の法則』海竜社、106・132頁
23 太鼓持あらい（2004）『太鼓持あらいのユーモア話術――「賢いバカ」の極上の知恵』三笠書房、4頁
24 「54字の文学賞」で「ラブストーリー賞」を受賞した（てるてる坊主 @FrS1cTwTOypMebR）の作品。（https://www.php.co.jp/news/2018/06/54bungaku.php）
25 向井吉人（2016）『できる！つかえる！ことば遊びセレクション――60の技法&極意』太郎次郎社エディタス、103頁
26 元木幸一（2012）『笑うフェルメールと微笑むモナ・リザ――名画に潜む「笑い」の謎』小学館101ビジュアル新書、159・166・172頁
27 榊原悟（2003）『江戸の絵を愉しむ――視覚のトリック』岩波新書、127頁
28 たばこと塩の博物館（https://www.tabashio.jp/exhibition/2020/2009sep/index.html）

## 5章

1 井山弘幸（2007）『笑いの方程――あのネタはなぜ受けるのか式』Dojin選書、98頁
2 朝日新聞出版編（2009）『ママ、あのね。――子どものつぶやき』朝日文庫、14・79頁
3 山口茂嘉（2003）「幼児の口頭詩にみられる笑いの分析」『笑い学研究』第10巻（90-100頁）日本笑い学会、95頁
4 朝日新聞出版編（2009）『あのね――子どものつぶやき』朝日文庫、15頁
5 竹内政明（2009）『読売新聞朝刊一面コラム「編集手帳」第16集』中公新書ラクレ、98頁
6 浦野洋司（2003）「日本の文化背景に潜む笑いへのネガティブな2側面――お歯黒の歴史と武士道の残影の中で」『笑い学研究』第10巻（5-10頁）日本笑い学会、8頁
7 ジャン・ヴェルドン著、吉田春美訳、池上俊一監修（2002）『図説笑いの中世史』原書房、142頁
8 井上宏他（1997）『笑いの研究――ユーモア・センスを磨くために』フォー・ユー、218頁

9 松崎俊道（2016）『談笑力──悩ましい人間関係によく効く小噺ジョーク集』近代消防ブックレット、38頁
10 鉄人社編集部編（2018）『爆笑テストの（珍）解答500連発vol.3』鉄人文庫、44・49・97・159・243・283頁
11 片岡K（2011）『ジワジワ来る○○──思わず二度見しちゃう面白画像集』アスペクト、39・129・154頁
12 「〝いい歯〟と笑いに関する意識調査」モンデリーズジャパンのプレスリリース（https://jp.mondelezinternational.com/Newsroom/2017-Press-Releases/171106）
13 草刈マーサ（2019）『ユーモアコミュニケーション──場の雰囲気を一瞬で変える！』芸術新聞社、53・74頁
14 高田文夫（2016）『私だけが知っている金言・笑言・名言録』新潮社、52頁
15 ほぼ日刊イトイ新聞編、糸井重里監修（2011）『金の言いまつがい』新潮文庫、21・76・92頁
16 和田さん研究家・K（2019）『まちがう人──まちがい大将・和田さんの迷言&迷事件集「Wadadas」』ダイヤモンド社、24・68頁
17 1992〜1996年、フジテレビ系列局で断続的に放送された「タモリのボキャブラ天国」へ、視聴者から格言のもじりや替え歌など「ボキャブった」作品が投稿された。
18 伊藤文人（2016）『かけコトクイズ──同じ言葉で違う意味──かいがいにいる』ポエムピース、21・43頁
19 根本陽一（2010）『ほったいもいじるな──外国人に、声に出して読んでもらいたい日本語』社会評論社
20 山田あしゅら（2017）『毒舌嫁の在宅介護は今日も事件です！』主婦と生活社、4頁
21 高田文夫（2017）『また出た私だけが知っている金言・笑言・名言録②』新潮社、64頁
22 池内紀（2017）『すごいトシヨリBOOK──トシをとると楽しみがふえる』毎日新聞出版、42頁
23 稲葉茂勝著、倉島節尚監修、ウノカマキリ絵（2016）『日本語あそび学──平安時代から現代までのいろいろな言葉あそび』今人舎、40頁
24 柳沢有紀夫（2007）『日本語でどづぞ』中経の文庫、114・116頁
25 IT media eBOOK USER（https://www.itmedia.co.jp/ebook/articles/1411/18/news066.html）
26 武田逸人編（2012）『爆笑！母ちゃんからのおバカメール300連発』鉄人社、119頁
27 ほぼ日刊イトイ新聞編、糸井重里監修（2011）『銀の言いまつがい』新潮文庫、292頁
28 せきしろ（2016）『たとえる技術』文響社、138頁
29 烏賀陽正弘（2018）『シルバー・ジョーク集』知的生きかた文庫、27頁
30 池内紀（2017）『すごいトシヨリBOOK──トシをとると楽しみがふえる』毎日新聞出版、57・61頁
31 英「エコノミスト」編集部、土方奈美訳（2017）『2050年の技術──英『エコノミスト』誌は予測する』文藝春秋、250頁
32 村瀬孝生（2018）『増補新版 おばあちゃんが、ぼけた。』新曜社、135頁

33 鈴橋加織（2016）『今日も私は、老人ホームの看護師です――おとぼけナースと、かわいい仲間たち1』リーダーズノート出版、19・29頁
34 村松増美（2002）「世界のVIPのユーモア感覚」『笑い学研究』第9巻（112-130頁）日本笑い学会、126頁
35 鈴橋加織（2016）『今日も私は、老人ホームの看護師です――おとぼけナースと、かわいい仲間たち2』リーダーズノート出版、33・92頁
36 青山ゆずこ（2018）『ばーちゃんがゴリラになっちゃった。――祖父母そろって認知症』徳間書店、2・12・14・19・100・101頁
37 バニラファッジ（2014）『91歳毒舌系女子、喧嘩を売って生きてます――スーパー嫁の汗と笑いの在宅介護vsドS』主婦と生活社、55・96頁
38 なとみみわマンガ、佐藤眞一監修（2019）『まいにちが、あっけらかん。――高齢になった母の気持ちと行動が納得できる心得帖』つちや書店、13・17・20頁
39 佐藤眞一監修、北川なつマンガ（2017）『マンガで笑ってほっこり老いた親のきもちがわかる本』朝日新聞出版、57頁
40 五木寛之（2017）『孤独のすすめ――人生後半の生き方』中公新書ラクレ、154頁
41 村田裕之（2019）『スマート・エイジング――人生100年時代を生き抜く10の秘訣』徳間書店、57頁
42 谷本真由美（2018）『脱！暴走老人――英国に学ぶ「成熟社会」のシニアライフ』朝日出版社、15頁
43 百瀬和夫（2018）『笑育ドリル――〝育てる〟をもっと楽しく・おもしろく』晃洋書房、160頁
44 吉田勝明監修、ポンプラボ シナリオ文、松岡リキ作画（2019）『まんがでわかる老人――その行動には理由があります』カンゼン、89頁
45 平松類・つだゆみ（2019）『マンガでわかる！老いた親との上手な付き合い方――白雪姫と七人の老人』SBクリエイティブ、47頁
46 レス・ギブリン、弓場隆訳（2017）『「人を動かす」ために本当に大切なこと』ダイヤモンド社、119頁
47 チーム笑福（2018）『あなたが笑うと世界が変わる！笑いの奇跡』ベースボール・マガジン社、16頁
48 坂東眞理子（2019）『70歳のたしなみ』小学館、14頁
49 さだまさし（2017）『やばい老人になろう――やんちゃでちょうどいい』PHP研究所、137頁
50 東スポWeb（2019年7月14日）

## 6章

1 DaiGo（2017）『メンタリストDaiGoのポジティブ辞典――THINK POSITIVE』セブン&アイ出版、114・169頁
2 向後千春（2017）『幸せな劣等感――アドラー心理学〈実践編〉』小学館新書、64頁
3 須田亜香里（2017）『コンプレックス力――なぜ、逆境から這い上がれたのか？』産経新聞出版、62・107・222・223頁
4 太田省一（2018）『マツコの何が〝デラックス〟か？』朝日新聞出版、92・113頁

5 高田文夫（2017）『また出た私だけが知っている金言・笑言・名言録②』新潮社、84頁
6 井上裕介（2013）『スーパー・ポジティヴ・シンキング――日本一嫌われている芸能人が毎日笑顔でいる理由』ヨシモトブックス、79頁
7 Cブロック勝者・濱田祐太郎・R1ぐらんぷり（https://www.youtube.com/watch?v=oTJSjuPVFk8）
8 濱田祐太郎・R1ぐらんぷり優勝ネタ（https://www.youtube.com/watch?v=xLIngByqboY）
9 外山滋比古（2003）『ユーモアのレッスン』中公新書、21・24頁
10 上野行良（2003）『ユーモアの心理学――人間関係とパーソナリティ』サイエンス社、12・157・161頁
11 早坂隆・大島希巳江・Mokhtari David（2007年8月）「特別座談会「笑い」は国境を越える（世界が見たNIPPON）」『Courrier Japon＝クーリエ・ジャポン』Vol.3 No.9 通号34（76－81頁）講談社、77頁
12 賀来弓月（2018）『フランス人は「老い」を愛する――60歳からを楽しむ生き方』文響社、130頁
13 ルース・ベネディクト、越智敏之・越智道雄訳（2013）『菊と刀――日本文化の型』平凡社ライブラリー、332頁
14 織田正吉（2013）『笑いのこころユーモアのセンス』岩波現代文庫、265頁
15 小林賢太郎（2014）『僕がコントや演劇のために考えていること』幻冬舎、96頁
16 土屋賢二（2013）『紳士の言い逃れ』文春文庫、48・49・161頁
17 村田裕之（2019）『スマート・エイジング――人生100年時代を生き抜く10の秘訣』徳間書店、173頁
18 土屋賢二（2002）『紅茶を注文する方法』文藝春秋、165頁
19 菅靖彦（1999）『涙のち微笑みを…――逆境の心理学』世界文化社、34頁
20 吉田照幸（2015）『「おもしろい人」の会話の公式――気のきいた一言がパッと出てくる！』SBクリエイティブ、105頁
21 井上宏（2003）『大阪の文化と笑い』関西大学出版部、144頁
22 リック・シーゲル＆ダレン・ラクロワ、林啓恵・丸山聡美訳（2002）『笑って金持ちになる方法――ビジネスを成功させる最高のユーモア活用術』扶桑社、61頁
23 森下伸也（2003）『もっと笑うためのユーモア学入門』新曜社、70頁
24 瀬沼文彰（2018）『ユーモア力の時代――日常生活をもっと笑うために』日本地域社会研究所、255頁
25 槇田雄司（2012）『一億総ツッコミ時代』星海社新書、149頁
26 堂本真実子（2002）『学級集団の笑いに関する民族誌的研究』風間書房、6頁
27 井上宏ほか（1997）『笑いの研究――ユーモア・センスを磨くために』フォー・ユー、65頁

## 7章

1 田河水泡（2016）『滑稽の研究』講談社学術文庫、116・118頁
2 長谷川光信画、鯛屋貞柳狂歌（1739）『絵本御伽品鏡3巻「萬歳楽」』千草屋新右衛門（出版社）、国立国会図書館デジタル

コレクション（https://dl.ndl.go.jp/info:ndljp/pid/2534308　コマ番号4／33）

3 織田正吉（2010）「万歳から漫才へ──その歴史と笑い」『国文学：解釈と鑑賞』第75巻5号（46-53頁）ぎょうせい、46頁

4 元祖爆笑王編（2008）『漫才入門──ウケる笑いの作り方、ぜんぶ教えます』リットーミュージック、8頁

5 別役実（2003）『別役実のコント教室──不条理な笑いへのレッスン』白水社、140頁

6 井上宏（2003）『大阪の文化と笑い』関西大学出版部、137・146頁

7 チャド・マレーン（2017）『世にも奇妙なニッポンのお笑い』NHK出版新書、31・32・34・41・46・136頁

8 倉本美津留（2018）『笑い論──24時間をおもしろくする』ワニブックスPLUS新書、71・102頁

9 吉田照幸（2015）『「おもしろい人」の会話の公式──気のきいた一言がパッと出てくる！』SBクリエイティブ、77頁

10 織田正吉（2013）『笑いのこころユーモアのセンス』岩波現代文庫、10頁

11 槙田雄司（2012）『一億総ツッコミ時代』星海社新書、8・34・147頁

12 (https://www.seichi.net/propose-contest/) 2020年・静岡県 嶋崎樹さん、2017年・静岡県 春日彩絵李さんからの投稿

13 渡邊一雄（2013）『77歳のバケットリスト──人生いかによく生きよく死ぬか』はる書房、28頁

14 田中イデア（2010）『お笑い芸人に学ぶ いじり・いじられ術──いじり上手は信頼されるいじられ上手は出世する』リットーミュージック、76頁

15 全国有料老人ホーム協会・ポプラ社編集部編『シルバー川柳9』（2019）ポプラ社、92頁（あゆみ・女性・静岡県・68歳・無職の作品）

16 DaiGo（2017）『メンタリストDaiGoのポジティブ辞典──THINK POSITIVE』セブン&アイ出版、86頁

17 坂東眞理子（2019）『70歳のたしなみ』小学館、87・89頁

18 お笑いどっとこむ（2018年9月17日）(https://geininfo.com/baatyankonto_wiki_nenrei_nensyu_wakaikoro_gekidan_basyo-1024)

19 御供田幸子監修（2009）『笑って長生き婆ちゃんコント』北國新聞社、33頁

20 藤子・F・不二雄（2010）『林家たい平の「ドラ落語」（DVD）のブックレット、小学館、38・40・43頁

21 黒岩勇一（2015）『怒りや哀しみを笑い飛ばす技──笑化力』ベストブック、137頁

22 成毛眞（2018）『俺たちの定年後──成毛流・60歳からの生き方指南』ワニブックスPLUS新書、115頁

23 大島希巳江（2013）『やってみよう！教室で英語落語』三省堂、33頁

24 外山滋比古（2003）『ユーモアのレッスン』中公新書、139頁

25 立川志の輔・大島希巳江（2008）『英語落語で世界を笑わす！──シッダウン・コメディにようこそ』研究社、28頁

26 NHK「着信御礼！ケータイ大喜利」制作チーム編（2009）

『ふたたび着信御礼！ケータイ大喜利』ヨシモトブックス、58頁
27 あるあるの元祖：『21世紀版　マーフィーの法則』より（www.asciibook.com/m/）
28 泉谷しげる春夏秋冬（https://ameblo.jp/shigeru-izumiya/entry-11740698953.html）
29 水野敬也・岩崎う大（2017）『仕事のストレスが笑いに変わる！サラリーマン大喜利』文響社、17・18頁

## 8章

1 あらい汎（2011）『パントマイムの心と身体――白塗りの道化師』晩成書房、14・18頁
2 森下伸也（2003）『もっと笑うためのユーモア学入門』新曜社、116・137頁
3 大棟耕介（2008）『道化師流サービスの力――空気を読み笑顔をつくるおもてなしテクニック』こう書房、112・147頁
4 瀬沼文彰（2008）『笑いの教科書』春日出版、23頁
5 インターネット百科事典『ウィキペディア』の「クリニクラウン」より
6 日本クリニクラウン協会HP（http://www.cliniclowns.jp/02_enlightenment.html）
7 大棟耕介（2007）『ホスピタルクラウン――病院に笑いを届ける道化師』サンクチュアリ・パブリッシング、24・91頁
8 石井裕子（2011）『トンちゃん一座がゆく――たった4人の熟年ケアリングクラウン活動記』オフィスエム、4・52・60・119頁
9 土井淑平（2002）『尾崎翠と花田清輝――ユーモアの精神とパロディの論理』北斗出版、196頁
10 織田正吉（2013）『笑いのこころユーモアのセンス』岩波現代文庫、123頁
11 石井公成（2017）『〈ものまね〉の歴史――仏教・笑い・芸能』吉川弘文館、105頁
12 田河水泡（2016）『滑稽の研究』講談社学術文庫、122頁
13 本間正夫（2008）『クラスでバカウケ！モノマネのコツ30』汐文社、32頁
14 近藤清兄（2008）『5分でできるド定番モノマネ100――「音声学」で学ぶモノマネのコツ（ウケる技術）』小学館、133頁
15 高木重朗（1988）『大魔術の歴史』講談社現代新書、76頁
16 泡坂妻夫（2001）『大江戸奇術考――手妻・からくり・見立ての世界』平凡社新書、22・30頁
17 可合勝・長野栄俊、日本奇術協会『日本奇術文化史』編集委員会編（2017）『日本奇術文化史』東京堂出版、55・122・136頁
18 藤山新太郎（2009）『手妻のはなし――失われた日本の奇術』新潮選書、7・4・28・54・55・238・275頁
19 ジミー重岡（2017）『笑いの手品師――老人ホームが笑顔でつつまれた手品実践記』花伝社、1・35・36・56頁

## 9章

1 Wマコト（2016）『笑いの力』経法ビジネス新書、5頁
2 清水修二（2012）『実践笑い学――国民笑生産のすすめ』リベルタ出版、11頁
3 立川談四楼（2009）『もっと声に出して笑える日本語』、光文

社知恵の森文庫、277頁

4 吉田照幸（2015）『「おもしろい人」の会話の公式――気のきいた一言がパッと出てくる！』SBクリエイティブ、17・214・217頁

5 キカワダケイ（2015）『中居正広 しゃべり屋の本懐――MCに懸けた男の13の言葉』アールズ出版、22・131・137頁

6 晴山陽一（2011）『うまい、と言われる1分間スピーチ――10の「伝える」技術で身につける』土屋書店、53頁

7『僕たちのタモリ的人生論』編集委員会編（2014）『僕たちのタモリ的人生論――人生に大切なことを教えてくれたタモリの言葉』泰文堂、40頁

8 クマガイタツロウ（2014）『おまえ誰やねん！からでもモッていけるライブMCの教科書』アルファノート、159・213頁

9 難波義行（2015）『売れっ娘ホステス笑わせ上手の会話術――一流芸能人に学べば、もっと好かれる可愛がられる』こう書房、60・66・202頁

10 上條晴夫編（2000）『さんま大先生に学ぶ子どもは笑わせるに限る』フジテレビ出版、82頁

11 中島隆信（2019）『「笑い」の解剖――経済学者が解く50の疑問』慶應義塾大学出版会、86頁

12 元祖爆笑王編（2009）『お笑い芸人直伝！鉄板フレーズ100選――シチュエーション別〝ハズさない〟ウケネタ集』リットーミュージック、22・73・88・89・94・95・98頁

13 グループこんぺいと編著（2012）『シニアを笑わせる49のネタ――会話術＆一発芸＆なぞなぞ＋紙芝居型紙』黎明書房、6頁

14 ジミー重岡（2017）『笑いの手品師――老人ホームが笑顔でつつまれた手品実践記』花伝社、29・50・73頁

15 池内紀（2017）『すごいトシヨリBOOK――トシをとると楽しみがふえる』毎日新聞出版、30頁

16 夏川立也（2010）『京大卒芸人が教えるスベらない話し方』かんき出版、142頁

17 ボケて制作委員会編（2013）『bokete――写真で一言ボケて』コアマガジン、76・99・171頁

18 鈴橋加織（2016）『今日も私は、老人ホームの看護師です――おとぼけナースと、かわいい仲間たち2』リーダーズノート出版、8頁

19 草刈マーサ（2019）『ユーモアコミュニケーション――場の雰囲気を一瞬で変える！』芸術新聞社、68頁

20 毒蝮三太夫＋みやぎシルバーネット・河出書房新社編集部（2016）『シルバー川柳特別編――ババァ川柳 女の花道編』河出書房新社、12頁。畑中雅子さんの作品

21 園部友里恵（2017年4月20日）「インプロ（即興演劇）の学習形態と高齢者の変容――千葉県「くるる即興劇団」を事例として」『老年社会科学』Vol.39-1（21-30頁）日本老年社会科学会、28頁

22 オヤジ文化普及委員会解説、功刀友如編（2008）『オヤジ☆ジェスチャー』晋遊舎、6・104頁

23 加瀬英明（2003）『ユダヤ・ジョークの叡智――逆境も窮地も、笑いで切り抜ける』光文社知恵の森文庫、268頁

24 小林照幸（2004）『熟年恋愛講座――高齢社会の性を考える』

文春新書、25・143頁
25 アラン、白井健三郎訳（1993）『幸福論』集英社文庫、285頁
26 曽野綾子（2008）『引退しない人生』海竜社、40頁
27 鷲田清一（2009）『シニアのための哲学――時代の忘れもの』日本放送出版協会、70頁
28 谷本真由美（2018）『脱！暴走老人――英国に学ぶ「成熟社会」のシニアライフ』朝日出版社、121頁
29 賀来弓月（2018）『フランス人は「老い」を愛する――60歳からを楽しむ生き方』文響社、10・32・71頁
30 松原惇子（2019）『老後はひとりがいちばん』海竜社、151・153頁

**10章**

1 英「エコノミスト」編集部、土方奈美訳（2017）『2050年の技術――英『エコノミスト』誌は予測する』文藝春秋、31・33頁
2 山口タオ（2013）『ことわざおじさん』ポプラ社、103頁
3 (https://www.mofa.go.jp/mofaj/gaiko/local/pdfs/bulgaria1605.pdf)
4 House of Humour and Satire Museum (https://www.humorhouse.bg/enindex.html)
5 (https://www.lonelyplanet.com/cuba/san-antonio-de-los-banos/attractions/museo-del-humor/a/poi-sig/1117060/1315014)
6 (https://thisbelongsinamuseum.com/harlekinaum-wiesbaden-germany/)
7 ブルーガイド編集部編（2008）『ブルーガイド プチ贅沢な旅8 金沢・能登 第2版』、実業之日本社、64頁
8 烏賀陽百合（2018）『しかけに感動する「京都名庭園」――京都の庭園デザイナーが案内』誠文堂新光社、16・26・80頁
9 織田正吉（2013）『笑いのこころユーモアのセンス』岩波現代文庫、75・76頁
10 インターネット百科事典『ウィキペディア』の「バンクシー」より
11 「男という字のかたち」「女という字のかたち」（ともに1974年）、福田繁雄デザイン館所蔵
12 渡邊一雄（2013）『77歳のバケットリスト――人生いかによく生きよく死ぬか』はる書房、24頁
13 新開省二（2010）「地域における高齢者の閉じこもりの現状と要因」『老年社会科学』Vol.32-2.日本老年社会科学会、135頁。
14 吉田勝明監修（2019）『まんがでわかる老人――その行動には理由があります』カンゼン、27・142頁
15 鈴橋加織（2016）『今日も私は、老人ホームの看護師です――おとぼけナースと、かわいい仲間たち1』リーダーズノート出版、95頁
16 なとみみわマンガ、佐藤眞一監修（2019）『まいにちが、あっけらかん。――高齢になった母の気持ちと行動が納得できる心得帖』つちや書店、96頁
17 榊原節子（2009）『凛としたシニア――「ああ、いい人生だった」と思えるように』PHP研究所、44・82頁
18 癒しの環境研究会 HP (http://www.jshe.gr.jp/info.html)
19 日本笑いヨガ協会 HP (https://www.waraiyoga.org/)

20 小川全夫（2018）「2030年代を見すえた「おたがいさまコミュニティ」の形成支援」『生きがい研究24』（69–82頁）長寿社会開発センター、70・78頁

21 賀来弓月（2018）『フランス人は「老い」を愛する——60歳からを楽しむ生き方』文響社、141・142頁

22 (https://president.jp/articles/-/28421)（President on line, 岡本純子。2019年4月16日9時15分配信。東大祝辞の核心〝日本は世界一冷たい国〟）

23 古沢由紀子（2001）『大学サバイバル——再生への選択』集英社新書、193頁

24 鷲田清一（2009）『シニアのための哲学——時代の忘れもの』日本放送出版協会、91頁

25 『いわゆる有償ボランティアのボランティア性——より継続的で、より深いボランティア活動を推進するために』（2019年7月）さわやか福祉財団編集・発行、全68頁、20頁

26 弘兼憲史（2018）『人生は70歳からが一番面白い』SB新書、37頁

27 エイ出版社編集部編（2017）『驚愕！日本の未来年表——識者が語る日本への警鐘と処方箋』枻出版社、68頁

28 読売新聞2020年1月30日朝刊・25頁

29 杉勇ほか編・訳（1978）『筑摩世界文学大系1（古代オリエント集）』筑摩書房、646頁

30 竹内宏（2002）『路地裏の「名老」学——竹内式スーパーシニアになる法』アーク出版、36頁

31 荒川和久（2019）『ソロエコノミーの襲来』ワニブックスPLUS新書、145・147頁

32 中島正雄（2019）『定年クリエイティブ——リタイア後の創作活動で後悔のない人生を』ワニブックスPLUS新書、163頁

33 中尾孝年（2017）『その企画、もっと面白くできますよ。』宣伝会議、2・3頁

34 松村真宏（2016）『仕掛学——人を動かすアイデアのつくり方』東洋経済新報社、27・33・57頁

35 城仁士編著（2009）『do for から do with へ——高齢者の発達と支援』ナカニシヤ出版、241頁

36 大津秀一（2009）『死ぬときに後悔すること25——1000人の死を見届けた終末期医療の専門家が書いた』致知出版社、82頁

37 土屋賢二（2011）『幸・不幸の分かれ道——考え違いとユーモア』東京書籍、19頁

38 佐野眞理子（2012）「文化と老後の生きがい」長寿社会開発センター編集『生きがい研究18』（4–13頁）、長寿社会開発センター、11頁

39 星野哲（2018）『遺贈寄付——最期のお金の活かし方』幻冬舎、3・5頁

40 いろは出版編著（2016）『寿命図鑑——生き物から宇宙まで万物の寿命をあつめた図鑑』いろは出版、49頁


**おわりに**


1 土屋賢二（2017）『年はとるな』文春文庫、57頁

**【著者】小向敦子（こむかい・あつこ）**

高千穂大学人間科学部教授。

米イリノイ大学（シカゴ校）で心理学部（専攻）、アジア研究学部（副専攻）を学び、同大学院教育学研究科博士課程修了。日本笑い学会会員。

授業で「老年学」、ゼミでは「笑い学」を担当。「シニアとユーモアは最強のコンビ」が自説。

著書に『すごい葬式――笑いで死を乗り越える』（朝日新聞出版 二〇一八）、『セラピューティックと老年学――エゴ力学が変える高齢社会』（学文社 二〇一三）など。

**老年笑い学――ユーモアで羽ばたくシニア**

二〇二一年一〇月二〇日 初版発行

著者 小向敦子（こむかい あつこ）

発行者 三浦衛

発行所 春風社 Shumpusha Publishing Co.,Ltd.
横浜市西区紅葉ヶ丘五三 横浜市教育会館三階
〈電話〉〇四五・二六一・三一六八 〈FAX〉〇四五・二六一・三一六九
〈振替〉〇〇二〇〇・一・三七五二四
http://www.shumpu.com ✉ info@shumpu.com

装丁 矢萩多聞

印刷・製本 シナノ書籍印刷株式会社

乱丁・落丁本は送料小社負担でお取り替えいたします。

ISBN 978-4-86110-778-8 C0095 ¥2400E